Cuxland

BECKMANN / UECKERT

LIEBLINGSPLÄTZE

zum Entdecken

Cuxland

ZWISCHEN WESER UND ELBMÜNDUNG

BECKMANN / UECKERT

KULTUR
GMEINER

Bildverzeichnis:
Joachim Beckmann 14, 18, 20, 22, 28, 30, 32, 34, 36, 50, 52, 54, 56, 58, 60, 62, 64, 66, 68, 70, 72, 74, 76, 78, 80, 82, 96, 98, 100, 102, 104, 106, 108, 110, 112, 114, 116, 118, 120, 122, 124, 126, 128, 130, 132, 134, 136, 138, 140, 142, 144, 146, 150, 152, 154, 156, 160, 164, 166, 168, 170, 172, 180, 182; Charlotte Ueckert 38, 40, 42, 44, 46, 48, 84, 86, 88, 90, 92, 94, 162, 174, 176, 184, 186, 188; Tessa Pfeil 16; Stadt Cuxhaven 24; Döser Speeldeel 26; Das letzte Kleinod 158; Kultur- und Heimatverein Burg zu Hagen 178

Besuchen Sie uns im Internet:
www.gmeiner-verlag.de

Im Ehnried 5, 88605 Meßkirch
Telefon 07575/2095-0
info@gmeiner-verlag.de

1. Auflage 2018

Lektorat: Susanne Tachlinski
Satz: Mirjam Hecht
Bildbearbeitung/Umschlaggestaltung: Benjamin Arnold
unter Verwendung eines Fotos von Photoart-Sicking/Fotolia.com
Kartendesign: Maps4News.com
Druck: AZ Druck und Datentechnik GmbH, Kempten
Printed in Germany
ISBN 978-3-8392-2195-2

Helgoland
18
16
Hirdes W.
17
Düne
Kartoffelallee
Bop Stak
Am Falm
Nordsee
Paracelsus
Nordseeklinik
Helgoland
Hafenstraße
Ringstr.
Arensch
Berensch
Altenwalde
Nordertei
22
19
21
20
Assel
Otterndorf
Spiekaer
Siel
42
Lüdingworth
Nordholz
Kösterweg
43
Neuenkirchen
Cappeler-
Siel
Spiekaer
Nordermarren
Nordleda
44
Cappeler
Altendeich
Midlum
Ludenhütte
Twoli
Osterwanna
Westerwanna
Ihlienworth
23
24
45
46
Großenbüttel
Padingbüttel
Altendeich
Mislag
27
Krähenburg
48
Padingbüttel
Engbüttel
Norderende
Dorum
47
Holßel
Odisheim
Dreieck
Steinau
Flohburg
Lütjendorf
Neuenwalde
Lewing
Im Seegen
Süderwesterseite
Rielke
Ritzeln
Wremen
Auf dem
Stüh
49
Sievern
Hymendorf
Hofe
N
W
O
S
Debstedt
Falkenburg
50
Imsum
Drangstedt
Weddewarden
Wehden
Neumühlen
Langen

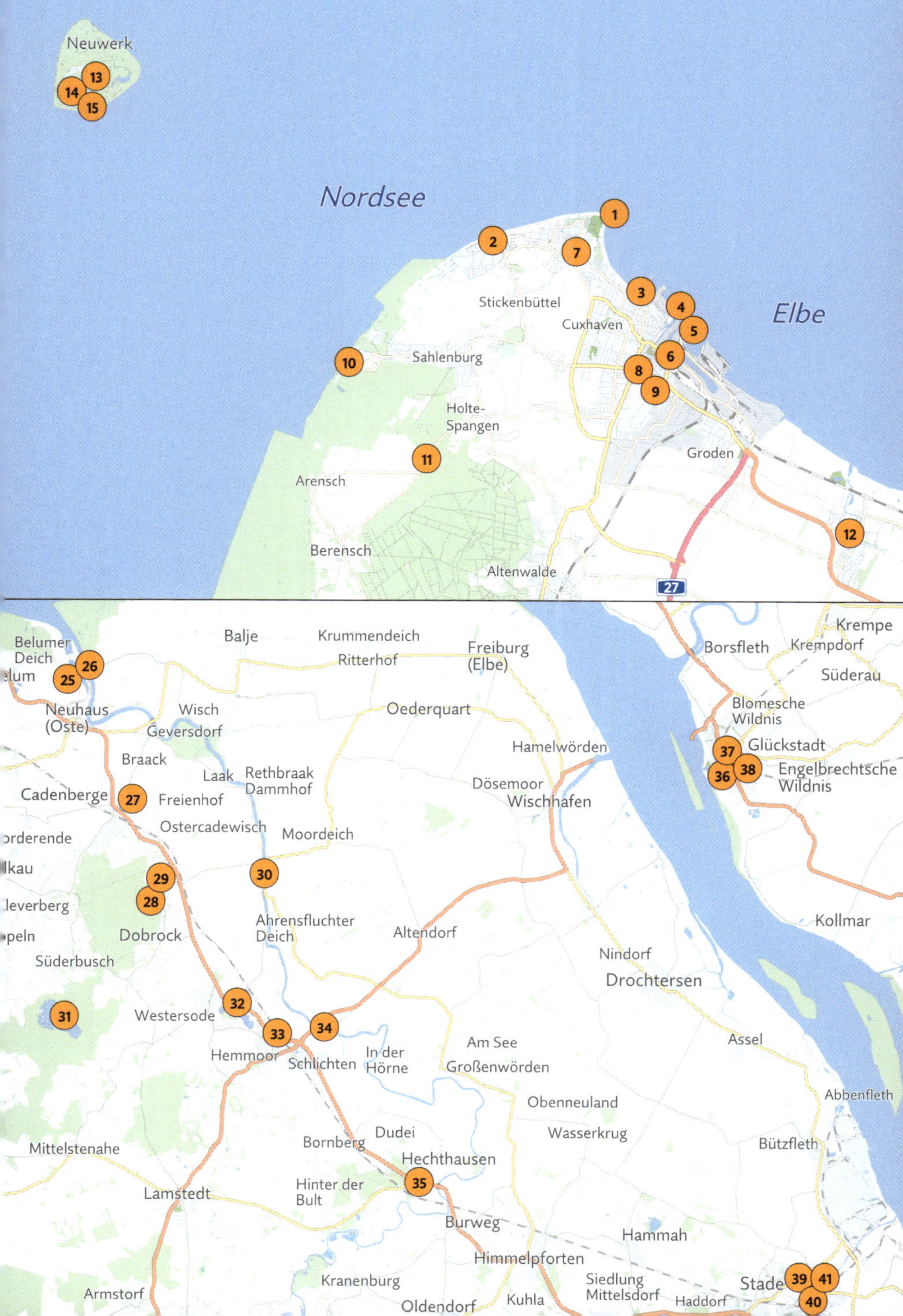
maps4news.com/©HERE
Neuwerk
Nordsee
Elbe
Stickenbüttel
Cuxhaven
Sahlenburg
Holte-
Spangen
Groden
Arensch
Berensch
Altenwalde
27
Belumer
Deich
Balje
Krummendeich
Ritterhof
Freiburg
(Elbe)
Borsfleth
Krempe
Krempdorf
Süderau
Neuhaus
(Oste)
Wisch
Geversdorf
Oederquart
Blomesche
Wildnis
Glückstadt
Engelbrechtsche
Wildnis
Hamelwörden
Braack
Laak
Rethbraak
Dammhof
Dösemoor
Wischhafen
Cadenberge
Freienhof
Ostercadewisch
Moordeich
Dobrock
Ahrensfluchter
Deich
Altendorf
Kollmar
Süderbusch
Nindorf
Drochtersen
Westersode
Hemmoor
Schlichten
In der
Hörne
Am See
Großenwörden
Assel
Obenneuland
Abbenfleth
Mittelstenahe
Bornberg
Dudei
Wasserkrug
Bützfleth
Hechthausen
Lamstedt
Hinter der
Bult
Burweg
Hammah
Himmelpforten
Kranenburg
Siedlung
Mittelsdorf
Stade
Armstorf
Oldendorf
Kuhla
Haddorf

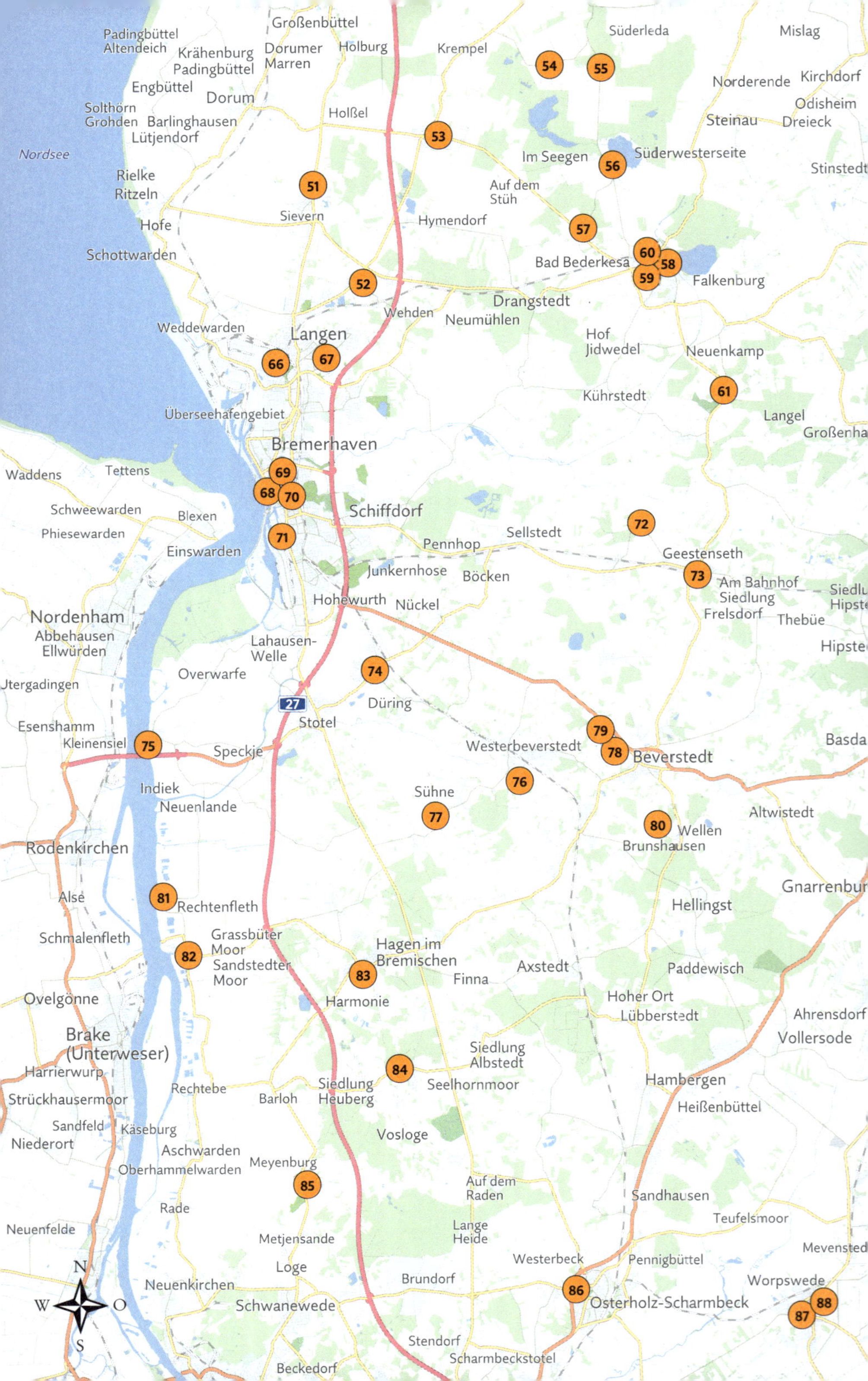

Padingbüttel
Altendeich
Großenbüttel
Krähenburg
Dorumer
Marren
Holburg
Krempel
Süderleda
Mislag
Padingbüttel
54
55
Engbüttel
Dorum
Norderende
Kirchdorf
Solthörn
Grohden
Barlinghausen
Holßel
Odisheim
Lütjendorf
53
Steinau
Dreieck
Nordsee
Im Seegen
Süderwesterseite
56
Stinstedt
Rielke
51
Auf dem
Stüh
Ritzeln
Sievern
Hymendorf
Hofe
57
Schottwarden
60
58
Bad Bederkesa
59
Falkenburg
52
Drangstedt
Wehden
Neumühlen
Weddewarden
Langen
Hof
Jidwedel
Neuenkamp
66
67
61
Kührstedt
Überseehafengebiet
Langel
Großenha
Bremerhaven
Waddens
Tettens
69
68
70
Schweewarden
Schiffdorf
Blexen
72
Phiesewarden
71
Sellstedt
Pennhop
Einswarden
Geestenseth
Junkernhose
Böcken
73
Am Bahnhof
Siedlung
Siedlu
Hipste
Hohewurth
Nückel
Nordenham
Frelsdorf
Thebüe
Abbehausen
Ellwürden
Lahausen-
Welle
Hipste
Jtergadingen
Overwarfe
74
27
Düring
Stotel
79
Esenshamm
Basda
Kleinensiel
75
Speckje
Westerbeverstedt
78
Beverstedt
Indiek
76
Sühne
Neuenlande
77
Altwistedt
80
Wellen
Rodenkirchen
Brunshausen
Alse
81
Gnarrenbur
Rechtenfleth
Hellingst
Schmalenfleth
Grassbüter
Moor
Hagen im
Bremischen
82
Sandstedter
Moor
83
Finna
Axstedt
Paddewisch
Ovelgönne
Harmonie
Hoher Ort
Lübberstedt
Ahrensdorf
Brake
(Unterweser)
Siedlung
Albstedt
Vollersode
Harrierwurp
84
Rechtebe
Siedlung
Heuberg
Seelhornmoor
Hambergen
Strückhausermoor
Barloh
Heißenbüttel
Sandfeld
Käseburg
Vosloge
Niederort
Aschwarden
Oberhammelwarden
Meyenburg
85
Auf dem
Raden
Sandhausen
Rade
Teufelsmoor
Neuenfelde
Metjensande
Lange
Heide
Mevensted
N
Westerbeck
Pennigbüttel
Loge
Brundorf
Worpswede
W
Neuenkirchen
86
O
88
Schwanewede
Osterholz-Scharmbeck
87
S
Stendorf
Scharmbeckstotel
Beckedorf

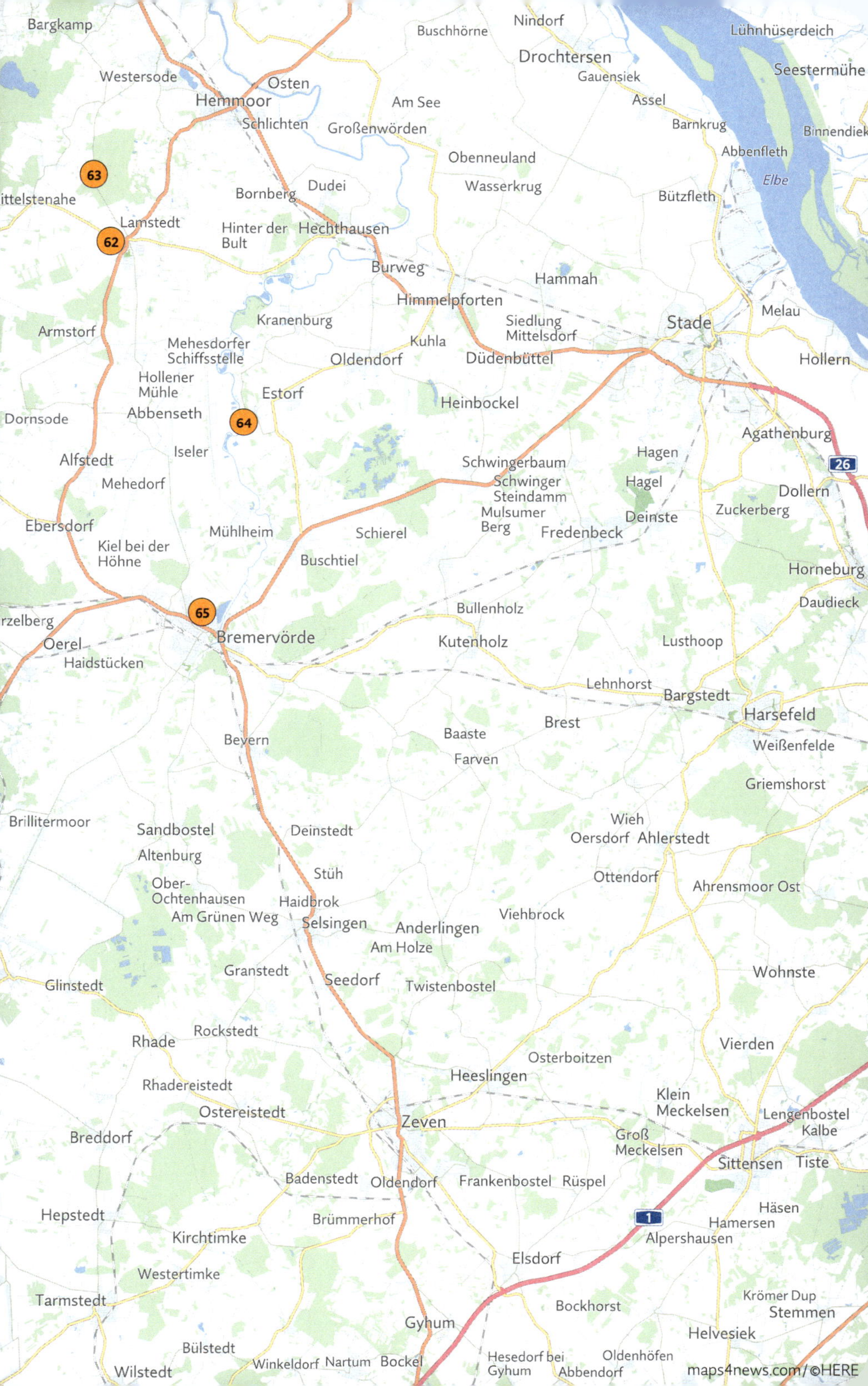
Bargkamp
Westersode
Hemmoor
Osten
Schlichten
Großenwörden
Am See
Buschhörne
Nindorf
Drochtersen
Gauensiek
Assel
Barnkrug
Lühnhüserdeich
Seestermühe
Binnendiek
Abbenfleth
Elbe
Bützfleth
Obenneuland
Wasserkrug
63
ittelstenahe
Lamstedt
62
Bornberg
Dudei
Hinter der Bult
Hechthausen
Burweg
Himmelpforten
Hammah
Kranenburg
Siedlung Mittelsdorf
Stade
Melau
Armstorf
Mehesdorfer Schiffsstelle
Kuhla
Oldendorf
Düdenbüttel
Hollern
Hollener Mühle
Estorf
Heinbockel
Dornsode
Abbenseth
64
Agathenburg
26
Iseler
Alfstedt
Mehedorf
Schwingerbaum
Schwinger
Steindamm
Mulsumer Berg
Hagen
Hagel
Dollern
Zuckerberg
Deinste
Fredenbeck
Ebersdorf
Kiel bei der Höhne
Mühlheim
Schierel
Buschtiel
Horneburg
Daudieck
65
rzelberg
Oerel
Haidstücken
Bremervörde
Bullenholz
Kutenholz
Lusthoop
Lehnhorst
Bargstedt
Harsefeld
Weißenfelde
Beyern
Baaste
Brest
Farven
Griemshorst
Brillitermoor
Sandbostel
Deinstedt
Wieh
Oersdorf
Ahlerstedt
Altenburg
Ober-Ochtenhausen
Stüh
Ottendorf
Ahrensmoor Ost
Haidbrok
Am Grünen Weg
Selsingen
Anderlingen
Viehbrock
Am Holze
Granstedt
Seedorf
Twistenbostel
Wohnste
Glinstedt
Rhade
Rockstedt
Vierden
Osterboitzen
Heeslingen
Rhadereistedt
Klein Meckelsen
Ostereistedt
Zeven
Lengenbostel
Kalbe
Breddorf
Groß Meckelsen
Sittensen
Tiste
Badenstedt
Oldendorf
Frankenbostel
Rüspel
Hepstedt
Brümmerhof
1
Häsen
Hamersen
Alpershausen
Kirchtimke
Elsdorf
Westertimke
Tarmstedt
Bockhorst
Krömer Dup
Stemmen
Gyhum
Helvesiek
Bülstedt
Wilstedt
Winkeldorf
Nartum
Bockel
Hesedorf bei Gyhum
Abbendorf
Oldenhöfen
maps4news.com/©HERE

KUGELBAKE /// AM DÖSER SEEDEICH /// 27476 CUXHAVEN ///
INFORMATIONEN BEI DER /// CUX TOURISMUS GMBH DÖSE ///
HEINRICH-GRUBE-WEG 2 /// 27476 CUXHAVEN ///
0 47 21 / 4 70 81 /// WWW.DOESE.DE ///

ZEITZEUGE

Seezeichen Kugelbake in Cuxhaven-Döse

1

Wo kann ein Buch über das Cuxland beginnen? Da gibt es nur einen Ort: die Kugelbake. Lassen Sie Ihr Auto am Parkplatz beim Fort Kugelbake stehen und folgen Sie dem Weg über die Rampe auf den Seedeich und zur schönsten Aussicht auf die Elbmündung. Links liegt der Sandstrand Döses, rechts der Grünstrand der Grimmershörnbucht und vor Ihnen das Meer. Kein Tag ist hier wie der andere. Die Sonne, der Wellenschlag, der Wind, die Wolken und Gezeiten – das alles macht den Moment einzigartig. Jetzt ist es nur noch ein kurzer Weg zum Strand und entlang des Plattenweges zur Kugelbake. Sie markiert den nördlichsten Punkt Niedersachsens, wo die Unterelbe endet. Der Fluss setzt seinen Weg nun als Außenelbe zwischen den Sänden des Wattenmeers fort.

Die Kugelbake hat ihre Existenz vor allem der Hartnäckigkeit von Kapitän Spanniger zu verdanken. Wahrscheinlich im Jahre 1703 wurde die erste Bake als Seezeichen für die Schiffer gebaut. Allerdings rissen schon die nächsten Sturmfluten weite Landflächen und die erste Bake ins Meer. Der Hamburger Senat entschloss sich, größere Uferschutzmaßnahmen in Auftrag zu geben, die Leitung dieser Uferschutzarbeiten übernahm Kapitän Spanniger. Um einen weiteren Landverlust zu verhindern, ließ er bestimmte Punkte an Cuxhavens Seeseite stark befestigen. Das Meer sollte, unter anderem an der Kugelbake, aufgehalten werden. Spannigers Bemühungen waren erfolgreich.

Über die Jahrhunderte war die Kugelbake immer wieder durch Sturmfluten und Eisgang gefährdet. Trotzdem wurde es für die wachsende Zahl der Badegäste »schick«, eine Promenade zu dem Seezeichen zu machen. Im Jahre 1924 wurde die heutige Kugelbake gebaut. Ihre Funktion als Seezeichen hat sie längst verloren. Dafür wurde sie zur Visitenkarte für eine ganze Region.

Ganz in der Nähe des Seezeichens liegt das Fort Kugelbake. Während einer Führung können Sie hier das Leben der Soldaten in der Marinefestung kennenlernen.

DAS PFERDERENNEN AUF DEM MEERESGRUND FINDET EINMAL JÄHRLICH AM STRAND VON CUXHAVEN-DUHNEN STATT.

CUX TOURISMUS GMBH /// CUXHAVENER STRASSE 92 /// 27476 CUXHAVEN /// 0 47 21 / 40 42 00 /// WWW.DUHNER-WATTRENNEN.DE ///

PFERDERENNEN AUF DEM MEERESGRUND

Wattrennen in Cuxhaven-Duhnen

2

Duhnen ist der Cuxhavener Stadtteil, in den die meisten Touristen reisen. Dafür gibt es gute Gründe: gepflegte Hotels und Restaurants, eine Einkaufs- und Kneipenmeile und nicht zu vergessen den Sandstrand unmittelbar hinter dem Deich. Die Übernachtungszahlen in Duhnen steigen Jahr für Jahr. Vor allem natürlich in den Sommermonaten, aber inzwischen sind auch die Herbstferien und die Weihnachtstage beliebte Reisezeiten. An das alte Fischer- und Bauerndorf, das Duhnen noch um 1900 war, erinnert nur der Dorfbrunnen.

Einmal im Sommer, der Termin ist immer von der Tide abhängig, verändert Duhnen sein Gesicht vollständig. Schon Tage vorher werden die Vorbereitungen getroffen. Pferde und Reiter reisen an, aus Grünflächen werden Führringe, aus DLRG-Stationen Einsatzzentralen. Zelte und Buden vor dem Deich weisen auf den kommenden Besucheransturm hin. Ein mobiler Totalisator auf dem Deich sorgt für die Möglichkeit, zu wetten. Denn zu sehen gibt es ein Pferderennen auf dem Meeresgrund. Ein Spektakel, das Tausende von Besuchern aus ganz Deutschland anzieht.

Im Jahre 1902 fand das erste Duhner Wattrennen statt. Beim Bügeltrunk werden die Reiter von den Honoratioren aus Stadt, Landkreis und Bundesland begrüßt. Für die Zuschauer beginnt auf dem Festplatz das bunte Programm. Es gibt Musikdarbietungen, meist landen Fallschirmspringer auf dem Deich. Vor Rennbeginn gibt der Meeresgott Neptun mit seinem Gefolge das Geläuf frei. Danach folgen die Traber-, Galopper- und Ponyrennen in bunter Reihe.

Die Atmosphäre unter den Zuschauern ist angespannt, bis der erste Startschuss fällt. Die Pferdehufe trommeln auf den Wattboden, das Wasser spritzt, und die Jockeys in den farbigen Trikots jagen mit ihren Pferden vorwärts. Die Zuschauer jubeln, und einige können abends ihren Wetterfolg feiern.

Cuxland ist Pferdeland. Das internationale Dobrockturnier, aber auch die kleineren Turniere von Otterndorf bis Hechthausen, von Elmlohe bis Ringstedt sind einen Besuch wert.

RESTAURANT SEETERRASSEN /// AM SEEDEICH 38 ///
27472 CUXHAVEN /// 0 47 21 / 3 77 00 ///
WWW.SEETERRASSEN-CUXHAVEN.DE ///

DIE BESTE SICHT

Restaurant Seeterrassen in Cuxhaven

3

»Welches Restaurant würden Sie mir empfehlen?« Jeder Cuxhavener kennt diese Frage. Meist wird sie von einem Kurgast gestellt, und es gibt natürlich so viele Antworten wie Restaurants in Cuxhaven.

Mein Tipp ist das Restaurant Seeterrassen am Seedeich. Schon die Form des Gebäudes lässt an ein Kreuzfahrtschiff mit seinen typischen hohen Aufbauten denken; in seinem Bug liegt das Restaurant. Die Inneneinrichtung mit ihren Relings und Masten unterstützt das maritime Flair. Alles ist in hellem Holz gehalten und die großen Fenster bieten einen herrlichen Ausblick auf die Landschaft ringsum. Es kann kaum einen besseren Platz geben, um die Köstlichkeiten aus Land und Meer zu genießen.

Im Blick hat man dabei unter anderem die Grimmershörnbucht. Sie ist gewissermaßen die gute Stube der Cuxhavener. Dort am Grünstrand kann man in eigenen oder gemieteten Strandkörben ein wenig die Seele baumeln lassen und trägt anschließend nicht einmal den Sand mit ins Haus. Im Sommer lädt die Bucht zum Schwimmen ein – das Wasser ist bereits nach wenigen Metern tief genug dazu. Gleich daneben am Anleger des Jachtklubs können Sie das bunte Gewirr aus Masten, Segeln und Tauen beobachten. Hier liegt auch die *Anneliese Kramer*, der Seenotrettungskreuzer der Deutschen Gesellschaft zur Rettung Schiffbrüchiger. Mit seiner erfahrenen Besatzung und der schnellen Maschine hat er schon manchem Seemann das Leben gerettet. Auch der Fährhafen ist von den Seeterrassen aus zu erkennen. Er war ursprünglich als Hafen für die Fähren nach Schleswig-Holstein, England und Norwegen geplant und gebaut worden. Inzwischen geht die schnittige Helgoland-Fähre von hier in See. Bei einer guten Mahlzeit in den Seeterrassen lässt sich der Ausflug nach Helgoland besonders gut planen.

Nicht immer muss es gleich ein Restaurantbesuch sein. Im Bierlokal Sturmflut gleich im Fährhafen gibt es ein gepflegtes Bier und Köstlichkeiten für den kleinen Hunger.

ALTE LIEBE /// BEI DER ALTEN LIEBE /// 27472 CUXHAVEN ///
0 47 21 / 6 98 15 30 /// WWW.SCHIFFSANSAGEDIENST-CUXHAVEN.DE ///

SEEFAHRTSROMANTIK AM GROSSEN STROM

Bollwerk Alte Liebe in Cuxhaven

4

Ein ganz besonderer Lieblingsplatz im Cuxland ist für mich die Alte Liebe. Das zweistöckige Bollwerk an der seeseitigen Einfahrt zu Cuxhavens Altem Hafen ist ein Touristenmagnet. Die Nähe zu den vorbeiziehenden Frachtern, Tankern oder Passagierschiffen vermittelt einen Hauch von großer, weiter Welt, die Schiffsansagen mit ihren Informationen über Heimathafen, Ladung und Reederei sind sehr beliebt bei Einheimischen und Gästen.

Ein ganzes Ensemble maritimer Denkmäler reiht sich bei der Alten Liebe aneinander. Auf einem Spaziergang von der Deichstraße kommend, stoßen Sie zuerst auf den Alten Leuchtturm, dessen Backsteinhaut das 200 Jahre alte Denkmal zu einem weithin sichtbaren Erkennungszeichen macht. Als Leuchtturm schon vor Jahren außer Dienst gestellt, ist er heute im Privatbesitz. Ein wenig dahinter zeigt der Semaphor mit seinen Ketten und Zeigern Windstärke und Windrichtung auf Borkum und Helgoland an. Vom Oberdeck der Alten Liebe ist in Richtung Osten das Steubenhöft mit der HAPAG-Halle zu sehen, weiter landeinwärts liegen die Fischhallen. Im Alten Hafen bewegen sich die Ausflugsschiffe in der Dünung auf und ab. Von hier aus geht es zur Hafenrundfahrt, nach Neuwerk oder zu den Seehundsbänken.

Schon der Name »Alte Liebe« hat Anlass für allerlei Spekulationen gegeben. Haben hier die Seemannsfrauen ihren Männern bei der Ausfahrt ein letztes Mal zugewunken oder ist auf der Alten Liebe so manche Träne geflossen, wenn der Mann nicht zu seiner Liebsten zurückkehrte? Es gibt eine profanere Erklärung für den Namen des weltbekannten Bollwerks. Beim Bau wurden einige ältere Schiffe versenkt, um die Rammarbeiten zu erleichtern. Eines dieser Schiffe hieß Olivia. Daraus wurde durch die Umformung in Platt vielleicht »Ol Leev«, und wieder zurück ins Hochdeutsche »Alte Liebe«.

☞ Als eine Art schwimmender Leuchtturm diente das Feuerschiff Elbe 1 den in die Elbmündung einfahrenden Schiffen als Orientierungspunkt. Heute ist sie zu besichtigen und unternimmt Besuchertörns.

FREIE UND HANSESTADT HAMBU
HAPAG-HALLE /// ALBERT-BALLIN-PLATZ /// 27472 CUXHAVEN ///
0 47 21 / 50 01 81 /// WWW.HAPAGHALLE-CUXHAVEN.DE ///

ABSCHIED NACH AMERIKA

HAPAG-Halle am Kai Steubenhöft in Cuxhaven 5

Cuxhaven war schon im 19. Jahrhundert ein Auswandererhafen. Vor allem die Schiffe der HAPAG-Reederei trugen von hier aus die Menschen ihrer neuen Heimat entgegen. Unter der Leitung von Albert Ballin behauptete die HAPAG jahrzentelang ihren ersten Rang unter den Schifffahrtslinien der Welt.

Zunächst waren die HAPAG-Schiffe von Hamburg-Veddel aus nach Amerika gestartet. Wegen der schwierigen Route über die Niederelbe und der wachsenden Anzahl der Auswanderer mussten andere Abfahrtshäfen gefunden werden. Als die Bahnlinie zur Elbmündung fertiggestellt war, bot sich Cuxhaven als idealer Einschiffungsort an. Um den Transport zu den Schiffen zu vereinfachen und die Auswanderer für einige Stunden sicher unterbringen zu können, wurde der Plan zum Bau der HAPAG-Halle gefasst. 1902 vollendet, gab es einen direkten Anschluss zu den Gleisen nach Hamburg. In den Sälen – dem Kuppelsaal für die 1. und 2. Klasse und dem Hanseatensaal für die Zwischendeckspassagiere – warteten die Auswanderer auf ihre Abfertigung. Durch die Zollhalle und den gedeckten Gang war der Weg zum Steubenhöft, dem Anlegeplatz der Schiffe, nicht mehr weit.

Ungefähr 60.000 Menschen sollen über Cuxhaven von und nach Amerika gereist sein.

Für die Cuxhavener ist die repräsentative HAPAG-Halle ein Symbol für längst vergangene Schifffahrtsromantik. In den 50er- und 60er-Jahren des vorigen Jahrhunderts fuhren noch Kreuzfahrtschiffe vom Steubenhöft ab. Heute wird er nur noch durch den Elbe-Link belebt. Die Einschiffung der Kreuzfahrttouristen hat schon lange Hamburg wieder übernommen. Ein Verein kümmert sich inzwischen um die Erhaltung der Halle. Eine Ausstellung lässt den Besucher ein wenig in die Zeit zurückblicken, als Cuxhaven noch Auswandererhafen war.

Am Steubenhöft gibt es wieder ein Restaurant. Gleich im ersten Stock, beim Ausstellungsraum, können Sie bei gutem Essen den Blick über die Elbe genießen.

WIND
WRACK &
FISCHEREIMUS
CUXHAVEN
WRACK- UND FISCHEREIMUSEUM WINDSTÄRKE 10 ///
OHLROGGESTRASSE 1 /// 27472 CUXHAVEN ///
0 47 21 / 70 07 08 50 /// WWW.WINDSTAERKE10.NET ///

DER GEFÄHRLICHSTE JOB DER WELT

Museum Windstärke 10 in Cuxhaven

6

»Die Deutsche Bucht ist ein ziemlich gefährliches Revier. In diesem Museum kann man verstehen lernen, warum Seefahrt so gefährlich ist.« Jenny Sarrazin, Direktorin des Museums Cuxhaven Windstärke 10, erläutert weiter: »In der Deutschen Bucht kommen die verschiedensten Umstände zusammen. Zum Beispiel der starke Schiffsverkehr auf Elbe und Weser, der durch die Schiffe von und zum Nord-Ostsee-Kanal noch gesteigert wird. Oder der Wechsel von Ebbe und Flut, der nicht nur für starke Strömungen sorgt, sondern die Sände an der Fahrrinne freilegt und verbirgt. Dazu kommt die unter Seefahrern wegen ihres speziellen Seegangs gefürchtete Nordsee und die Unbilden des Wetters.«

Das heutige Museum ist die Zusammenführung zweier bestehender Sammlungen. Im Eigentum der Stadt Cuxhaven befanden sich bereits die Exponate des ehemaligen Wrackmuseums. Nachdem das Gebäude des Wrackmuseums stark renovierungsbedürftig geworden war, entstand der Plan, das ehrenamtlich betriebene Fischereimuseum mit dem Wrackmuseum zusammenzuführen. Räume fanden sich in den ehemaligen Fischpackhallen VII und VIII. Und so konnte im Dezember 2013 die Eröffnung des neuen Museums gefeiert werden.

Windstärke 10 zeigt seinen Besuchern die Extreme der Seefahrt. Betrachten Sie die Reste des Fischewers Wilhelmine, der 1886 auf dem Medemsand auflief und nach und nach vom Sand verschlungen wurde. Oder hören Sie die Funksprüche von Bord des gestrandeten Frachters Luise Leonhardt. Ahnen Sie die Stärke des Wellenganges durch die Orkan-Bilder vom Nordatlantik. Gelegentlich erzählen die Mitglieder des Vereins Förderverein Schifffahrtsgeschichte Cuxhaven e. V. vom Leben und der harten Arbeit an Bord eines Fischdampfers. Denn die Arbeit eines Fischers im Nordatlantik war über Jahrzehnte der gefährlichste Job der Welt.

☞ Von der Ohlroggestraße ist es nicht weit bis in den Fischereihafen. Folgen Sie der Beschilderung »Fischmeile« und lernen Sie Neues über Fisch und seine Verarbeitung.

DÖSER SPEELDEEL E. V. /// HINTER DER KIRCHE /// 22747 CUXHAVEN ///
0 47 21 / 4 81 13 (VORVERKAUF) /// WWW.DOESER-SPEELDEEL.DE ///

»PLATTDÜÜTSCH IS UNS SPROOK«

Theatergruppe Döser Speeldeel in Cuxhaven

7

»Ji schöt jo nich wunnern in weeke Sprook de Wöör hier dohlschreeben sünd. Dat is Platt oder better Nedderdütsch. So snackt de Lüü von de Döser Speeldeel.«

Im Cuxland sind niederdeutsche Theatergruppen keine Seltenheit. Gerade landeinwärts, wo das »Platt snacken« noch zum Alltag gehört, gibt es in den Heimatvereinen oder bei der örtlichen Feuerwehr Theatergruppen. Meist werden Sketche oder kürzere Stücke aufgeführt. Dazu gehört für die Zuschauer auch, am Sonntagnachmittag bei Kaffee und Kuchen »auf dem Saal« (der Dorfgaststätte) Neuigkeiten auszutauschen.

Die Döser Speeldeel hat ein anderes Konzept. Statt nur ein paarmal im Jahr ein kleineres Programm aufzuführen, werden drei unterschiedliche Theaterstücke mit jeweils bis zu 15 Aufführungen pro Saison gespielt. Dabei kommen jährlich mehr als 40 Theaterabende zusammen. Nimmt man die Probenarbeit, die Kostümbildnerei und die Technik hinzu, hat die Speeldeel kaum noch den Status eines Amateurtheaters. Die Aufführungen sind immer gut besucht. Seit einigen Jahren hat die Speeldeel ihr festes Haus im Stadttheater. Dem Theaterpublikum werden dort neben den Stücken der Speeldeel Gastspielproduktionen anderer Theater angeboten.

Die Döser Speeldeel gibt es seit annähernd 100 Jahren. Damals wurde sie aus einem Gesangverein, der Döser Liedertafel Nordstern e. V., heraus gegründet. Die niederdeutsche Sprache zu erhalten und zu pflegen, hat die Speeldeel sich zur Aufgabe gemacht. Und die Fans sind froh darüber, dass sich dies mit unterhaltsamen Theaterstücken machen lässt. Auf dem Programm der Speeldeel standen in den letzten Jahren zum Beispiel *De dree Blindgängers*, *Düstere Wulken* oder *Rum ut Jamaika*. Nachdem Sie sich ein bisschen eingehört haben, können Sie sicher auch »Platt« verstehen.

Nicht nur die Speeldeel fördert das Niederdeutsche. Die Tanz- und Gesangsgruppe Sohlnborger Büttpedder tritt bei überregionalen Veranstaltungen auf und ist sogar international unterwegs.

JOACHIM-RINGELNATZ-MUSEUM /// SÜDERSTEINSTRASSE 44 ///
27472 CUXHAVEN /// 0 47 21 / 39 44 11 ///
WWW.RINGELNATZSTIFTUNG.DE ///

JOACHIM RINGELNATZ IN CUXHAVEN

Ringelnatz-Museum in Cuxhaven

8

Ganz nah am Schloss Ritzebüttel kann der Besucher das Museum für einen Dichter besuchen, der sich selbst als »ein wenig schräg in die Welt gebaut« sah: Joachim Ringelnatz. Ringelnatz ist zwar weniger staatstragend als der Amtmann Brockes, aber dafür unterhaltsamer.

Als Mariner im Krieg hat Ringelnatz die Erinnerungen an seine Zeit als Minensucher im Ersten Weltkrieg genannt. Cuxhaven nimmt in diesem Werk breiten Raum ein. Und so kommt es, dass die Ringelnatz-Gesellschaft und die Ringelnatz-Stiftung zusammen für die Erinnerung und Verbreitung von Ringelnatz' Werken sorgen. Dazu wurde ein Fachwerkhaus in der Südersteinstraße zum Joachim-Ringelnatz-Museum. Anstoß für dieses Projekt gab der Göttinger Literaturwissenschaftler Professor Dr. Frank Möbus, der sich wissenschaftlich mit den Werken von Ringelnatz beschäftigte. Entstanden ist ein ebenso spannendes wie humorvolles Museum, das Einblick in Leben und Werk von Ringelnatz bietet.

Ringelnatz, mit bürgerlichem Namen Hans Bötticher, wurde 1884 in Wurzen (Sachsen) geboren. Viel mehr als die Schule interessierten ihn Völkerschauen. Hier könnte seine Sehnsucht nach der großen, weiten Welt erwacht sein. Ringelnatz wurde Schiffsjunge und hat sich dann in vielen Berufen, sogar als Kaufmannsgehilfenlehrling, versucht. Zur See zog es ihn allerdings immer wieder. Während seiner Fahrenszeit sind wohl die Ideen für die Kuttel-Daddeldu-Gedichte entstanden. Nach dem Ersten Weltkrieg wurde Ringelnatz Vortragskünstler und Schriftsteller, der mit seinen Buchveröffentlichungen, vor allem mit *Turngedichte*, den Nazis ein Dorn im Auge war. Aus diesem Grund erhielt er bald nach 1933 Auftrittsverbot und starb 1934 in Berlin. Unsterblich bleiben seine Gedichte, überraschend, komisch und irgendwie schräg.

In der ehemaligen Grimmershörn-Kaserne, in der sich Ringelnatz ab und zu aufhielt, gibt es heute eine Kulturkneipe (www.ahabs.de). Das ist ganz im Sinne von Joachim Ringelnatz.

**SCHLOSS RITZEBÜTTEL /// SCHLOSSGARTEN 8 /// 27472 CUXHAVEN ///
0 47 21 / 72 18 12 /// WWW.SCHLOSSVEREIN-RITZEBUETTEL.DE ///**

DER HAMBURGISCHE AUSSENPOSTEN

Schloss Ritzebüttel in Cuxhaven

9

Am Ende der Fußgängerzone liegt die historische Keimzelle Cuxhavens: das Schloss Ritzebüttel. Dort, wo die Kanonen stehen, führt eine kleine Brücke über den Graben ins Schlossareal. Um 1300 ließen sich die als Räuber verschrienen Ritter Lappe einen Wehrturm als Mittelpunkt ihrer Herrschaft erbauen. Um die Elbmündung für Hamburg sicherer zu machen, eroberte eine Allianz aus Hamburgern und Wurstern den Wehrturm im Jahre 1393. Die Verteidigungsanlagen wurden festungsartig ausgebaut, und ein Vorposten Hamburgs an der Elbmündung entstand. 1616 erhielt der mehrfach umgebaute Wehrturm einen Vorbau, der dem Hamburger Stadtwappen nachempfunden ist und dem Gebäude sein heutiges Gepräge gibt. Im Schloss residierte ein von Hamburg eingesetzter Amtmann, der die Interessen Hamburgs an der Elbmündung zu vertreten hatte. Es galt, die für Hamburg lebenswichtige Elbe vor Piraterie und fremden Mächten zu schützen. Hamburg schickte nicht nur Machtpolitiker an die Elbmündung, sondern auch Schöngeister wie Barthold Hinrich Brockes. Sein lyrisches Werk *Irdisches Vergnügen in Gott* (ab 1721) ist teilweise im Schloss Ritzebüttel entstanden.

Die Amtmannwohnung im ersten Stock des Schlosses gibt mit ihren schönen Biedermeiermöbeln einen Eindruck vom Leben der gehobenen Bürgerschaft des 19. Jahrhunderts. Der schlicht ausgestattete gotische Saal im Hochparterre wird oft für Hochzeiten und andere festliche Anlässe genutzt. Nach so viel Geschichte wird es Zeit für ein bisschen frische Luft. Mit seinen verschwiegenen Winkeln und alten Bäumen, den Wällen und Gräben ist der Schlossgarten einen Spaziergang wert. Auf dem Weg zur Martinskirche ist das grundrenovierte Gärtnerhaus zu sehen, in dem der Verein Bürger für das Schloss Ritzebüttel e. V. seinen Sitz hat.

Wegen der stimmungsvollen Umgebung ist der Cuxhavener Weihnachtsmarkt am Schloss besonders bekannt und beliebt. Er ist zu einem Treffpunkt für ehemalige und aktuelle Cuxhavener geworden.

AM SAHLENBURGER STRAND LIEGT AUCH DAS BESUCHERZENTRUM DES NATIONALPARKS WATTENMEER.

VERKEHRSVEREIN SAHLENBURG E. V. /// AM SAHLENBURGER STRAND 25 /// 27476 CUXHAVEN /// 0 47 21 / 2 80 28 /// WWW.SAHLENBURG.COM ///

DER WALD AN DER KÜSTE

Strand in Cuxhaven-Sahlenburg 10

Gleich in mehrfacher Hinsicht ist die Küste bei Sahlenburg etwas Besonderes. Der Sahlenburger Strand ist der einzige Sandstrand in Cuxhaven, an dem Hunde auf weiten Abschnitten erlaubt sind. Die Nähe zum Pferdesportdorf Holte-Spangen sorgt dafür, dass manchmal sogar Reiter auf ihren Ausritten vorbeikommen. Entlang der Seeseite zieht sich eine leicht erhöhte Promenade, die zum Flanieren einlädt. Hier liegen die beliebtesten Restaurants und Cafés des Ortsteils. Auf der gesamten Länge der Promenade sind immer wieder Ruhebänke aufgestellt, die eine besonders schöne Sicht über das Watt auf die Insel Neuwerk freigeben. Vor allem wenn die Sonne untergeht, sind die Bänke an der Seeseite sehr beliebt. Minutenlang bewegt sich die Sonne kaum merklich auf den Horizont zu, um dann ganz plötzlich zu verschwinden.

Ganz in der Nähe, am Turm der DLRG, fahren die Wattwagen nach Neuwerk ab. Ein Wattwagen ist eine typische Cuxhavener Erfindung. Mit diesem erhöhten Pferdewagen können sich die Besucher durch das Watt und die Priele nach Neuwerk kutschieren lassen. Um die Ecke ist das neue Wattenmeer-Besucherzentrum eröffnet worden. Ein Naturkunde-Museum, in dem viel Wert auf das Anfassen, Ausprobieren und Mitmachen gelegt wird.

Am äußersten südlichen Ende der Promenade liegt das Kite-Surfer-Dorado Cuxhavens. Wo heute das Hauptquartier der Sportler liegt, war früher der Marineturm. Dort hat sich Joachim Ringelnatz seinen Künstlernamen erdacht.

Die eigentliche Attraktion Sahlenburgs ist der Wernerwald. Er ist künstlich angelegt und liegt nahezu direkt an der Küste. Spaziergänger haben von den Geesthügeln des Waldes aus spannende Ausblicke auf das Meer. Weiter südlich gelangt man in das Naturschutzgebiet Cuxhavener Küstenheiden.

Das Waldfreibad Sahlenburg bietet nicht nur tideunabhängige Bademöglichkeiten, sondern auf der Showbühne vor dem Eingang auch Musik und Tanz.

CUXHAVENER KÜSTENHEIDEN ///
PARKPLATZ HOLTER STRASSE /// 27476 CUXHAVEN ///

WEITERE INFORMATIONEN BEI DER /// STADT CUXHAVEN ///
RATHAUSPLATZ 1 /// 27472 CUXHAVEN /// 0 47 21 / 70 07 04 10 ///
WWW.NLWKN.NIEDERSACHSEN.DE/NATURSCHUTZ ///

NATURPARADIES MIT GROSSEN WEIDETIEREN

Naturschutzgebiet Cuxhavener Küstenheiden in Cuxhaven 11

Eine Attraktion abseits vom Strand und doch in Meeresnähe rückt immer mehr in das Bewusstsein der Gäste: die Cuxhavener Küstenheiden. Wo früher Panzer die Heide umwühlten und Jeeps über die Waldwege rasten, prägen heute Koniks, Heckrinder und Wisente das Bild. Mit etwas Glück kann man in der Nähe der Straße den Schäfer mit seiner Herde sehen. Ein Stück Landschaft, wie es kaum schöner in der Lüneburger Heide zu finden ist.

Doch diese Landschaft wurde von Menschenhand geschaffen. Ursprünglich standen in der ganzen Gegend Mischwälder, die sich durch Abholzung und Beweidung mit Schafen zu Heideflächen wandelten. Um 1900 begann die militärische Nutzung der Heide. Zunächst als Marineschießplatz, sodass es im Zweiten Weltkrieg dort sogar Versuche mit den sogenannten V-Raketen gab. Ab 1955 hielt die Bundeswehr Einzug auf dem Gelände. Die Nutzung als Truppenübungsplatz war jedoch mit den Forstbehörden abgesprochen, sodass bestimmte Biotope erhalten blieben. In verschiedenen Teilbereichen wurde aufgeforstet. Die Bundeswehr verließ 2003 das Gebiet. Damals wurde die Erhaltung der Heideflächen zum Problem. Das Land Niedersachsen fand eine Lösung: Die Beweidung der Heide durch »große Pflanzenfresser« soll für den Erhalt der Heideflächen sorgen. Mit EU-Mitteln wurde das Projekt 2006 begonnen. Inzwischen hat das Land Niedersachsen die Finanzierung übernommen. Wildpferde, Wisente und Heckrinder halten nun im Kernbereich des Gebietes die Vegetation kurz. Wenn Sie Ihr Auto an der Holter Straße auf dem Heideparkplatz parken, können Sie entlang der Wege zu den »großen Pflanzenfressern« gelangen. Die Wege sind gut ausgeschildert und bieten Ihnen allerhand Informationen über die Heide und ihre Tiere.

☞ Die Dörfer um die Heide haben alle ihr besonderes Flair. Das Reiterdorf Holte-Spangen zum Beispiel oder Oxstedt mit seinem Golfplatz. Das ursprünglichste der Heidedörfer ist Berensch mit seinem alljährlichen Heideblütenfest.

VILLA GEHBEN /// ALTER WEG 18 ///
27478 CUXHAVEN-ALTENBRUCH ///
0 47 22 / 3 41 /// WWW.CUX-ALTENBRUCH.DE ///

DIE MASSE VERWECHSELT

Villa Gehben in Cuxhaven-Altenbruch 12

Gerade mit meiner Ausbildung fertig geworden, fand ich mich in der Volkszählungsdienststelle wieder. Die war im Altenbrucher Rathaus untergebracht, der ehemaligen Villa Gehben – ein Ort, der mir in seiner Ungewöhnlichkeit gefiel. Ein Haus, wie zusammengesetzt aus weißen und bräunlichen Steinen, mit einem Türmchen und einem Fachwerkgiebel. Es gab Elfenstatuen, die auf dem Flur kegeln zu spielen schienen, eine alte Standuhr schlug jede Stunde, und die schön gearbeiteten Tische und Stühle waren fast zu schade, um darauf gewöhnliche Büroarbeit zu verrichten.

Ernst-Julius Gehben war der Bauherr der Villa gewesen. Der gebürtige Altenbrucher hatte sein Vermögen in Amerika gemacht und ließ sich in der alten Heimat einen standesgemäßen Alterssitz bauen. Allerdings hielt er sich während der Bauphase noch in Amerika auf; die Planung und Bauausführung übernahm der Architekt Achmet Steinmetz. Die von Steinmetz im metrischen System gezeichneten Baupläne wurden in Amerika dem dort damals geltenden Längensystem angepasst, wodurch die Villa viel größer wurde als von Steinmetz ursprünglich geplant.

Ernst Gehben jedenfalls gefiel der 1908 fertiggestellte Bau gar nicht. Nicht nur die Ausmaße störten ihn, sondern auch die Innenausstattung war ihm zu modern geraten. Mehr als 100 Jahre nach der Fertigstellung ist das Interieur der Villa natürlich unmodern geworden. Es handelt sich um eine Jugendstilausstattung, die heute in der Gegend einzigartig ist.

In der Villa tagt der Ortsrat, es gibt die Verwaltungsstelle, die Touristeninformation und eine Außenstelle der Stadtbibliothek. Ab und zu werden Konzerte und Lesungen in einem feierlichen Ambiente angeboten. Schräg gegenüber der Villa Gehben grüßen die Kirchtürme Anna und Beate weit in die Marsch.

Mögen Sie Orgelmusik? Die Gotteshäuser von Altenbruch und Lüdingworth sind für ihre Orgeln in ganz Niedersachsen berühmt. Die beiden Kirchengemeinden bieten zeitlich abgestimmte Orgelvorführungen an.

DIE INSEL IST ERREICHBAR MIT DEM PFERDEWAGEN UND AUCH EINEM SCHIFF DER REEDEREI CASSEN EILS GMBH /// BEI DER ALTEN LIEBE 12 /// 27472 CUXHAVEN /// 0 47 21 / 3 22 11 /// WWW.CASSEN-EILS.DE ///

NATIONALPARK-STATION, TURMWURT /// 27499 INSEL NEUWERK /// 0 47 21 / 6 92 71 /// WWW.NATIONALPARK-WATTENMEER.DE/HH ///

PER SCHIFF, IM KUTSCHWAGEN, ZU FUSS

13

Viele Wege zur Wattinsel Neuwerk

Ein Schiff, die *Flipper* der Reederei Cassen Eils, kreist auslaufend von der Alten Liebe in Cuxhaven um die Insel. Diese ist immer erkennbar an ihrem imposanten Wehrturm. Das Schiff fährt vorbei nach Norden und dreht in einem Bogen zum Hafen, nicht mehr als eine Anlegestelle vor dem Deich. Es scheint ein umständlicher Weg für die sichtbar kurze Strecke von Cuxhaven, die aber immerhin 30 Kilometer lang ist und eineinhalb bis zwei Stunden dauert. Ein Weg, der tideabhängig ist. Das Schiff fährt unregelmäßig, in der Saison von April bis Herbst meist einmal am Tag. Von Ende Oktober an bleiben die circa 20 bis 30 Insulaner für sich und müssen auf einen Trecker hoffen, der sie bei Ebbe aufs Festland bringt, wenn sie dort etwas zu erledigen haben.

Ähnlich lange wie das Schiff braucht der Pferdekarren. Von Duhnen oder Sahlenburg aus traben die Pferde mit ihren Wagen ebenfalls tideabhängig los, ein Treck wie im Wilden Westen, in langer Reihe an einer Wattrutenstrecke entlang. Sie stapfen durch schmale und breite Priele und werden mit anfeuerndem Gebrüll der Fahrgäste aus der braunsilbernen Glitzerebene den grünen Deich zur Insel hoch getrieben.

Selbst zu Fuß erfordert der Weg zur Insel Ausdauer. Zu gewissen Zeiten ist er nur mit Vorsicht zu betreten und zudem nie allein, möglichst unter der Führung eines Kundigen. Das Wetter im Watt kann sehr plötzlich wechseln, und im Nebel die Richtung zu halten, ist schwer. Bei anhaltend schönem Wetter ist es ein einzigartiges Erlebnis, dem markanten Turm immer näher zu kommen. Barfuß läuft es sich am schnellsten. Angekommen, wartet eine Fußwaschanlage, um den dicken schwarzbraunen Matsch abzuwaschen. Nicht ganz so naturnah geht man mit Gummistiefeln und dicken Socken. Das Ziel ist die Besteigung des Turms und eine Einkehr beim Inselkaufmann Lange.

☞ Die Nationalpark-Station an der Turmwurt informiert über alles, was mit dem Wattenmeer in Verbindung steht. Hier können auch Touren zur Vogelschutzinsel Scharhörn mit dem Vogelwart vereinbart werden.

ANTJE GÖTTSCHE /// LEUCHTTURM NEUWERK HAUS 1 /// 27499 INSEL NEUWERK /// 0 47 21 / 2 90 78 /// WWW.LEUCHTTURMNEUWERK.DE ///

DAS ÄLTESTE GEBÄUDE HAMBURGS

Der weithin sichtbare Turm von Neuwerk

14

Die Insel Neuwerk gehört zu Hamburg. Die Stadt hat sich dieses Stück Land vor der Elbmündung bereits im Mittelalter gesichert, um die einfahrenden Schiffe kontrollieren zu können. Um 1300 wurde der Wehrturm gebaut, dort konnten sich Soldaten aufhalten und notfalls eingreifen, wenn Gefahr drohte. Die dicken Mauern boten zudem bei Sturmflut Schutz, auch für die Bauern, die das Marschland ringsum bewirtschafteten.

Der Turm ist einmalig vor den Küsten Deutschlands. Von weit her zu sehen, markiert er den Horizont. Wer ihn besteigt, hat einen herrlichen Rundblick über die Insel, das Meer, die Elbmündung und die Küste um Cuxhaven. Es gibt eine Turmschänke und darüber die Senatsstube, dunkel getäfelt mit schwerem Tisch und passenden Stühlen. Der Hamburger Senat als Besitzer der Insel nutzt ihn als repräsentativen Raum. Zu zwei Seiten kann der Blick schweifen, und zwei- bis dreimal im Jahr kommt ein Standesbeamter aus Cuxhaven hierher und erfüllt bestellte Ehewünsche.

Die meisten Gäste auf Neuwerk sind Tagesgäste. Aber auch Urlauber, für die es Unterkünfte gibt – sogar ein Viersternehaus, das *Nige Hus* – und den Turm. Acht Zimmer hat das kleine Hotel im Turm, die nur telefonisch zu buchen sind, auch in einen höheren Stock hinauf über eine Wendeltreppe erreichbar. Hier konnte ich einen der grandiosen Sonnenaufgänge über dem Watt erleben. Es ist ein nicht enden wollender Genuss, in den nach zwei Himmelsrichtungen weisenden Fensternischen zu sitzen und über Insel, Watt, und Meer hinauszuschauen. Unten im Hof sammeln sich nach überstandener Wattfahrt die Pferdekarren. Und manch einer ärgert sich, dass er die Rückfahrt schon gebucht hat, statt auf der Insel zu bleiben.

Hamburg trägt die Fürsorge für die Bevölkerung. Sogar eine Inselschule gibt es, wenn es sein muss, auch für ein einziges Kind!

Besuchen Sie auf dem Rundweg das jetzige Schullandheim, das um die Jahrhundertwende ein renommiertes Hotel war. *Haus Meereswoge* liegt direkt hinter dem Deich, auf der Südseite der Insel.

DER RUNDWEG UM DIE INSEL FÜHRT AM FRIEDHOF DER NAMENLOSEN VORBEI.

KARSTEN BRONK & PARTNER GBR /// BRANDENTENWEG 2 /// 27639 WURSTER NODSEEKÜSTE /// 01 73 / 7 34 15 19 /// WWW.WATTWANDERNNEUWERK.DE ///

DIE DICHTER BROCKES, VOSS, RILKE UND HANS LEIP AUF NEUWERK

Prominente Besucher auf dem Friedhof der Namenlosen 15

Neuwerk wurde von vielen Künstlern und Dichtern besucht, gegenüber in Duhnen gründete sich Ende des 19. Jahrhunderts sogar eine Künstlerkolonie. Maler kamen wegen der besonderen Lichtverhältnisse am Meer, Dichter, weil sie entweder in der Nähe lebten oder ein Amt hatten, wie der Übersetzer von Homer, Johann Heinrich Voß aus Otterndorf, oder der Dichter Barthold Brockes, der das Amt Ritzebüttel im Namen Hamburgs verwaltete. Und Rainer Maria Rilke, den seine Hochzeitsreise mit Clara Westhoff aus dem auch nicht fernen Worpswede im August 1901 auf die Insel führte und der seine Eindrücke in dem Gedicht *Die Insel. Nordsee* verarbeitet hat. Als Junge beobachtete ihn einmal der spätere Hamburger Dichter Hans Leip durch ein Fenster vom Turm aus. Rilke fiel auf, weil er inseluntypische, elegante städtische Kleidung trug.

Alle haben sie eine Besonderheit der Insel erlebt: Immer wieder wurden Schiffbrüchige aus der gefährlichen Elbeinfahrt auf die Insel gespült, meist als Leichen. Während die Inselbevölkerung sich seit dem Bau der Kirche in Döse 1560 über das Watt fahren und auf dem Festland bestatten ließ, wurden die angeschwemmten Leichen schnell vor Ort begraben. Ein Sarg stand immer bereit. Diesen Friedhof der Namenlosen kann heute jeder betreten und den buschumfriedeten Hain mit dem geheimnisvollen Namen auf sich wirken lassen. In der Mitte steht ein Kreuz auf einem Stein, das auf das Gründungsjahr 1319 verweist, die Zeit, als Hamburg den Turm hatte erbauen lassen, an den Seiten einige Kreuze von anonymen Toten. Das Gedicht *Heimatlos*, in den Stein gemeißelt, schrieb der Hamburger Dichter Gustav Falke, der bis 1916 lebte. Hier sieht man, dass Neuwerk nicht nur eine flache Wieseninsel mit Pferdezucht und Bauernland ist, sondern auch Büsche und Bäume dort üppig gedeihen.

Der Herrengarten zu Füßen des Turms wurde nach historischem Vorbild neu angelegt. In Zusammenarbeit mit der Hamburg Port Authority pflegt ihn ein Förderverein, es gibt Rosenbeete und Streuobstwiesen.

DER LUMMENFELSEN LIEGT AM RUNDWEG UM DAS OBERLAND.
INFORMATIONEN GIBT ES AN DER HUMMERBUDE 35 IM UNTERLAND.
VEREIN JORDSAND E. V. /// HUMMERBUDE 35 /// POSTFACH 1278 ///
27498 HELGOLAND /// 0 47 25 / 77 87 /// WWW.JORDSAND.DE ///

VOGELPARADIES IM HOCHSEE-DEUTSCHLAND

Der Lummenfelsen auf Helgoland

16

Nur knapp eine Stunde Fahrt mit dem Katamaran, und die Besucher sind von Cuxhaven auf Deutschlands einziger Hochseeinsel gelandet. Kaum jemand lässt sich das entgehen. Natürlich kann man auch in der doppelten Zeit auf die Insel schippern, so wie unsere Vorfahren sie jahrhundertelang erreichen konnten. Wer glaubt, das Schiffsschaukeln durch die Fahrt mit dem über den Wellen schwebenden Katamaran der Helgoline zu vermeiden, hat sich getäuscht. Je nach Windstärke kann das heftig sein.

Die Schiffslinien zu den anderen Nordseeinseln müssen sich nach Ebbe und Flut richten, aber von Cuxhaven aus ist immer tiefes Meer, und die Fahrten zur Insel gehen stets zur gleichen Zeit ab und an.

Als Erstes läuft man an den Hummerbuden vorbei, von denen eine dem Verein Jordsand gehört. Der sitzt zwar hoch in Schleswig-Holstein, hat aber mit seinen haupt- und ehrenamtlichen Mitarbeitern eine Dependance auf der Insel, deren größte Attraktion – den Lummenfelsen – er seit 1980 betreut. Auch wenn der Schlechtwetter- und Winterbesucher hier in der Bude eine Nachbildung der Brutplätze erleben kann, sollte sich keiner den Weg über den Felsen im Oberland ersparen: Dort, wo kein Baum, kein Strauch zu sehen ist, werden die roten Felsen umspült, allen voran der abgetrennte Teil, der Lange Anna heißt. Vor allem Ornithologen mit Kanonenfotoapparaten sind eine oft anzutreffende Spezies. Auf dem Felsen brüten der Tordalk, die Trottellumme, die Dreizehenmöwe, der Eisturmvogel und der Basstölpel. An einigen Stellen des Klippenrandes sitzen die Vögel ganz nah am Weg; ein ständiges Kommen und Fliegen, Liebesspiele und Geschrei, weiß klebt der Dung am rot gestreiften Gestein.

☞ Kommen Sie Mitte Juni nach Helgoland. Da locken die Lummen ihre Kleinen, die noch nicht flügge sind, zu einem Sprung von den Klippen, 50 Meter in die Tiefe! Schwimmen können sie von selbst.

MUSEUM HELGOLAND /// KURPROMENADE 1430 ///
27498 HELGOLAND /// 0 47 25 / 12 92 ///
WWW.MUSEUM-HELGOLAND.DE ///

EIN UNZERSTÖRBARER FLECK IM MEER

Museum Helgoland

17

Helgoland, das »Heilige Land« der Vorfahren, in der Vergangenheit durch Pilgerwege mit dem Festland verbunden, zählt zu den Orten Deutschlands, die nicht nur eine besondere Lage, sondern auch eine besonders wechselvolle Geschichte haben. Dokumentiert für Besucher ist sie einmal auf kleinen Pyramiden am Klippenweg des Oberlandes, aber ausführlicher im Museum hinter den Geschäftsstraßen und dem Kurmittelhaus im Unterland. Dieses Museum hat einen altertümlichen Charme, den man in neuen Kulturbauten oft vermisst.

Zunächst betritt man einen bunten Hof mit Miniaturnachbildungen der berühmten Hummerbuden am Hafen und dem Leuchtturm. Schon dort sind viele mit der Geschichte verbundene Dokumente und Informationen über berühmte Bewohner oder Besucher ausgestellt. Hier erfährt man etwas über den Dichter des Deutschlandliedes, Hoffmann von Fallersleben, alles über berühmte Schriftsteller, die sich über Helgoland geäußert haben, wie Heinrich Heine, Kafka und Kleist, oder über den heute bekanntesten geborenen Helgoländer, den Kinderbuchautor James Krüss, nach dem die örtliche Schule benannt ist.

Im Museum selbst gibt es ein wunderbares Nebeneinander von Ausgrabungsobjekten wie dem Helgoländer Steinkistengrab aus der Bronzezeit, geologischen Besonderheiten wie Muscheln und Gestein sowie Alltagsgegenständen aus dem Fischerleben und der Geschichte des Badeortes. Das dunkelste Kapitel der Inselgeschichte, die Bombardierung durch die Engländer, lässt schaudern. Noch 1947 versuchten die Engländer die Militäranlagen aus dem Deutschen Reich und zugleich die ganze Insel zu zerstören. Alle Bewohner mussten Helgoland bis 1952 verlassen. Noch heute sind die Bombentrichter und auch eine Originalbombe vor dem Museum zu sehen. Die Reste der Bunker- und Verteidigungsanlagen sind zu besichtigen.

Den Begehung der Sträßchen im Oberland sollte man sich nicht entgehen lassen. Die eng beieinanderstehenden Häuser aus den 50er-Jahren sind als Architekturensemble denkmalgeschützt.

JUGENDHERBERGE »HAUS DER JUGEND« HELGOLAND ///
POSTFACH 580, /// 27487 HELGOLAND /// 04 72 / 53 41 ///
WWW.JUGENDHERBERGE.DE/HELGOLAND ///

OASE IM ÄUSSERSTEN NORDEN

Jugendherberge Helgoland 18

In der Regel trifft man auf deutschen Nordseeinseln fast nur deutsche Besucher aller Regionen an. Anders auf Helgoland. Diese Insel erregt auch die Neugier von ausländischen Gruppen – und wo finden sie gute und preiswerte Unterkunft? In der Jugendherberge, die Gelegenheit bietet, auf dem engen Raum einer kleinen Insel spektakuläre Landschaft, abwechslungsreiche Natur- und Tierwelt und eine interessante Geschichte zu erleben. Manchmal sind die Hafenanlagen und Straßenzüge erfüllt mit französischen oder englischen Stimmen junger Leute.

Im unteren Nordteil der Insel gibt es Wege im Gebüsch – ehemaliger Wald liegt versunken in der Algenwelt rund um die Insel –, Wege auf den Befestigungsanlagen gegen die Wellen oder auch einen Fahrweg, die alle zu einem Sportplatz und zur Jugendherberge führen. Diese liegt direkt hinter einem wellenreichen Strand, über sich die aufragenden Klippen. Der Strand ist kein Badestrand, eignet sich nur zum Steine- und Muschelsammeln. Zum Baden geht nach kurzem Fußweg halbstündlich eine Fähre zur *Düne*, ein durch eine Sturmflut abgetrennter Teil der Insel, der heute ein kleines Ferienparadies ist: Badeort mit Ferienwohnungen und Restaurants, Faulenzen im Strandkorb, Wanderungen durch seltene Pflanzengebiete und zur nahen Kegelrobbenkolonie. Eine Hauptattraktion für Kinder und Jugendliche und für alle Naturkundler.

Die Jugendherberge im Unterland besteht aus bunten Häusern, bietet viel Platz und Auslauf, hat eine spezielle Ausstattung für die zahlreich anreisenden Ornithologen-Gruppen. Wie die ganze Insel steht sie unter schleswig-holsteinischer Verwaltung. Führungen in die Vogelschutzwarte im Oberland mit dem Forschungsschwerpunkt Vogelzug werden angeboten. Die Warte wird von Wilhelmshaven aus betreut und kann nach Anmeldung besichtigt werden.

Im Winter in den Monaten November bis Januar werden auf der Düne die Jungen der Kegelrobben geboren und von ihren Müttern aufgezogen. Ein einmaliges Naturschauspiel ist zu beobachten.

DIE JOHANN-HEINRICH-VOSS-BÜSTE HINTER DER SEVERI-KIRCHE IN OTTERNDORF. DER DICHTER STAND DER HIESIGEN LATEINSCHULE VIER JAHRE LANG VOR.

NÄHERE INFORMATIONEN IN DER TOURISTENINFORMATION /// RATHAUSPLATZ 1 /// 21762 OTTERNDORF /// 0 47 51 / 91 91 31 /// WWW.ORTSHEIMATPFLEGER-OTTERNDORF.DE ///

ALTSTADTROMANTIK AM MEDEMUFER

Otterndorfer Altstadt

19

Die Otterndorfer Altstadt ist sicher die schönste im eigentlichen Cuxland. Am besten, Sie parken Ihr Auto an der ehemaligen Bundesstraße und erkunden von dort aus die Altstadt.

Zunächst fällt Ihnen das große Kirchengebäude ins Auge: die St.-Severi-Kirche. Wahrscheinlich um 1300 entstanden, war sie wohl die erste und bedeutendste Kirche des Landes Hadeln. Über die Jahrhunderte war sie der Stolz der Otterndorfer, was sich in der reichen Ausstattung widerspiegelt. Die barocke Glogerorgel ist im Elbe-Weser-Raum einmalig.

Direkt im Schatten der Kirche steht die Alte Lateinschule. Erstmalig 1614 erwähnt, war sie bis ins 19. Jahrhundert die Schule für die studierende Jugend Hadelns. Sie ist der Grund für die Anwesenheit von Johann Heinrich Voß in Otterndorf: Der Altphilologe und Übersetzer von *Odyssee* und *Ilias* stand der Lateinschule vier Jahre lang vor.

Folgen Sie den Straßenzügen weiter in die Stadt hinein. Hier haben viele Häuser ihren ursprünglichen Charme behalten. Fachwerkromantik, liebevoll instand gehalten oder neu aufgebaut, ist fast überall zu sehen. Kleine Geschäfte halten sich in diesen Nachbarschaften noch. Ob Töpferei oder Möbelladen, Buchhandlung oder Café – hier gibt es alles, was einen Ort lebenswert macht.

Gegenüber der Kirche, rund um die Bronzeplastik *De Utröper*, lädt ein Platz mit Ruhebänken zum Ausruhen und Verweilen ein. Im Sommer stehen hier die Einheimischen für ein Softeis bei Café Brünning an. Streifen Sie weiter in Richtung Amtsgericht. Hier fließt das Wasser der Medem ruhig in Richtung Elbe. Entdecken Sie den Skulpturenpark am Medemufer, oder gehen Sie hinter dem Amtsgericht entlang auf den Norderwall zu – von dort aus können Sie zum alten Rathaus oder dem Kranichhaus abbiegen. Die Hektik des Alltages ist hier meilenweit entfernt.

Das Café Zaubernuss in der Alten Dammstraße 56 eröffnet die Kette der Cafés und Kulturzentren im Cuxland. Das alternative Café bietet seinen Gästen selbst gemachten Kuchen und kulturelle Genüsse.

JOHANN-HEINRICH-VOSS-HAUS ///
JOHANN-HEINRICH-VOSS-STRASSE 8 ///
21762 OTTERNDORF /// WWW.OTTERNDORF.DE ///

AUF DEN GESCHMACK GEKOMMEN

Johann-Heinrich-Voß-Museum in Otterndorf

20

Mein liebster Erinnerungsort in Otterndorf ist das Gartenhaus am Süderwall. Dieses Anwesen war im 19. Jahrhundert eine Art Sommerhaus an den ehemaligen Wallanlagen der Stadt. Dort konnte man in Ruhe Kaffee trinken und später die Promenade genießen. Doch diese beschaulichen Zeiten sind lange vorbei. Die Stadt Otterndorf hatte sich entschlossen, ein Stadtschreiberstipendium auszuschreiben, und deshalb wohnt seit 1985 jedes Jahr eine Schriftstellerin oder ein Schriftsteller in dem kleinen Gartenhaus. Geboten wird, neben einem kleinen Salär und dem freien Logis im Gartenhaus von Mai bis September, die Möglichkeit, Projekte weiterzuentwickeln. Natürlich soll das literarische Leben Otterndorfs durch Lesungen bereichert werden. Es lebten im Gartenhaus so unterschiedliche Menschen wie Bernhard Lassahn, einer der Erfinder der Kinderserie *Käpt'n Blaubär*, oder der *Spiegel*-Autor Peter Roos.

Ende der 90er-Jahre war ich besonders an den Stadtschreibern Otterndorfs interessiert. Die vage Idee, irgendetwas schreiben zu wollen, manifestierte sich ganz langsam. In dieser Phase meines Suchens war Martin Betz der Bewohner des Hauses am Süderwall. Sein Gedanke war es, das kulturelle Leben Otterndorfs durch Gespräche über Lyrik zu bereichern. Und so trafen sich einige Interessierte auf dem Hof des Hauses am Süderwall und sprachen über Gedichte. Über Bedeutungen, über Versfüße und natürlich über Gefühle.

Das Gartenhaus ist allein dem Stadtschreiber vorbehalten, und so ist das Haus mit der Ausstellung für Johann Heinrich Voß mein Lieblingsort. Otterndorf hält die Erinnerung an Johann Heinrich Voß außerdem mit dem gleichnamigen Preis wach, unter dessen Preisträgern sich so unterschiedliche Charaktere wie der ehemalige Bundespräsident von Weizäcker und der Lyriker Peter Rühmkorf befinden.

Machen Sie doch mal einen Spaziergang auf den alten Wällen der Stadtbefestigung Otterndorfs. Auf dem Norder- und Süderwall können Sie bequem die Altstadt umrunden.

KRANICHHAUS /// REICHENSTRASSE 3 /// 21762 OTTERNDORF ///
0 47 51 / 9 14 80 /// WWW.KRANICHHAUS.DE ///

NIEMALS DIE KUGEL FALLEN LASSEN!

Museum Kranichhaus in Otterndorf

21

Seit Otterndorf im Jahre 1400 die Stadtrechte verliehen wurden, spielte es im Machtgefüge der Gegend die Hauptrolle. Die städtische Freiheit und natürlich die verkehrsgünstige Lage an der Straße nach Hamburg lockten immer mehr Kaufleute an. Und sie bauten sich in ihrer neuen Heimat standesgemäße Häuser.

Das Prunkstück dieser Kaufmannshäuser ist sicher das Kranichhaus. Zu Zeiten, als die Menschen noch nicht alle lesen konnten, wurden die Häuser mit Emblemen oder Figuren kenntlich gemacht. Und so erhielt das besagte Haus zwei Kraniche, von denen einer auf dem Giebel und der andere über der Tür sitzend angebracht wurde. Jeder der Vögel hält eine Kugel in seinen Krallen, die an die Wachsamkeit gemahnen soll. Die barocke Rotsteinfassade des Kranichhauses ist mit strahlend weißen Sprossenfenstern gegliedert. Betritt man den Flur, so ist gleich rechts das Inventar der alten Ratsapotheke zu sehen. Rechensteine, Standgefäße, bemalte Schubkästen, allerlei Pressen, Fässer und Bottiche beweisen, dass die Arbeit des Apothekers oft Handarbeit war.

Hinten im Erdgeschoss – Vorsicht mit dem Kopf – ist die alte Küche zu sehen. Neben dem Zinngeschirr fällt ein Wasserfilter auf; so nahe an der Nordsee war die Grundwasserqualität schlecht, sodass alles Trinkwasser gefiltert werden musste. Ganz im Gegensatz zur eher rustikalen Kücheneinrichtung steht die Ausstattung des 1. Stocks, der Beletage. Dort, im großen Salon unter der Stuckdecke, wurde repräsentiert, und ich sehe die Damen der Gesellschaft mit abgespreiztem kleinem Finger ihren Tee nehmen. Es war eine Frau, unter deren Leitung das Kranichhaus um 1760 seine heutige Gestalt erhielt. Elisabeth Radiek hatte nicht nur Geschmack, sondern war über 40 Jahre erfolgreich als Geschäftsfrau tätig.

Das Rathaus von 1583, mit dem Otterbrunnen im Vordergrund, zeigt das frühe Selbstbewusstsein der Otterndorfer. Hier ist der touristische Anlaufpunkt für die Besucher des Ortes.

DENKMAL FÜR DIE DEICHARBEITER IN DER NÄHE DES SCHÖPFWERKS ///

SCHÖPFWERK OTTERNDORF /// SCHLEUSE 9 /// 21762 OTTERNDORF ///

WEITERE INFORMATIONEN BEI DEN WASSER- UND BODENVERBÄNDEN ///
RAIFFEISENSTRASSE 10 /// 21762 OTTERNDORF /// 0 47 51 / 9 23 50 ///
WWW.WASSER-OTTERNDORF.DE/ENTWÄSSERUNG ///

OTTERNDORFS SEESEITE

Schöpfwerk und Schleuse in Otterndorf

22

Otterndorfs Seeseite ist durch drei Wasserläufe geprägt. Da ist natürlich die Elbe, die hier schon einen weiten Mündungstrichter geformt hat. Nur noch ein paar Kilometer hat sie bis zu ihrem Ziel vor sich. An dieser Stelle haben zwei Leuchtfeuer ihren Platz im Vordeichsgelände gefunden. Ober- und Unterfeuer sind baugleich und weisen mit ihren roten und weißen Signalfarben den Weg die Elbe hinauf.

Der zweite Wasserlauf, der die Seeseite Otterndorfs prägt, ist die Medem. Sie fließt aus dem Sietland kommend durch Otterndorf. Im Jahre 1928 wurde ein seinerzeit hochleistungsfähiges Schöpfwerk zur besseren Entwässerung fertiggestellt. Es hat noch immer die größte Kreiselpumpe Europas, die den Wasserspiegel der Medem in kurzer Zeit um 20 Zentimeter sinken lässt, wenn die Pumpe angestellt wird. Bis zum Bau des Hadler Kanals stellte die Medem die einzige Entwässerung für Hadeln und das ehemalige Amt Bederkesa dar. Oft gab es im Hadler Sietland Überschwemmungen, und die Bevölkerung blieb, aufgrund der schlechten Voraussetzung für die Landwirtschaft, arm.

Der Hadler Kanal mit seiner Schleuse ist ein Großprojekt des 19. Jahrhunderts im Cuxland. Auf Initiative des Hauptmanns Böse wurde der Kanal vom Bederkesaer See bis zur Elbe nach Otterndorf geplant. 1852 bis 1854 wurde der 31,7 Kilometer lange Hadler Kanal von rund 1.150 Arbeitern gegraben. Zusammen mit anderen Entwässerungsprojekten sorgte der Kanal für ein entspannteres Leben im Sietland, bei Hochwasser und im Alltag. Ganz in der Nähe des Seedeichs ist die Schleuse zu sehen, die die Schifffahrt auf dem Hadler Kanal möglich macht.

Wenige Hundert Meter entfernt ist ein Feriengebiet im skandinavischen Stil entstanden. Dort können Urlauber im künstlichen *Südsee* oder in der Nordsee ihren Urlaub verbringen..

Ist Ihnen das kuriose Denkmal für die Deicharbeiter aufgefallen? Der vordere Karrenzieher wurde vor Jahren gestohlen und musste durch einen Neuguss ersetzt werden.

DIE BARKASSE ONKEL HEINZ KUTSCHIERT DIE GÄSTE ÜBER DIE MEDEM ZU RÜSCHS SOMMERGARTEN /// ROSENSTRASSE 7 /// 21775 IHLIENWORTH /// 0 47 55 / 2 30 /// WWW.MEDEMFAHRTEN.DE ///

DIE ERFINDUNG DER LANGSAMKEIT

Medemfahrten zu Rüschs Sommergarten in Ihlienworth 23

Wie wirbt man als Wirt Kunden? Man muss eine neue Attraktion erfinden. Das dachte sich wohl auch Hans-Wilhelm Rüsch von Rüschs Sommergarten in Ihlienworth. So kam er darauf, seine Gäste auf ungewöhnliche Weise in sein Gasthaus zu kutschieren: Mit der Barkasse Onkel Heinz fahren die Besucher auf der Medem durch Otterndorf und das Hadler Hoch- und Sietland.

Dabei geht es recht gemütlich zu. Mit einer Geschwindigkeit von sechs Stundenkilometern teilt der Rumpf der Barkasse das ruhige Wasser der Medem. Die Kühe lassen sich durch den Anblick und das Motorengeräusch nicht stören. Die Barkasse gehört für sie längst zum gewohnten Bild. Ungefähr 70 Mäandern sind von Otterndorf bis Ihlienworth zu durchfahren. Nach zwei Stunden macht die Barkasse beim Stufenschöpfwerk fest, welches dazu dient, das Medemwasser so weit anzuheben, dass es durch das Hadler Hochland in die Elbe fließen kann.

Der zweite Teil der Reise wird mit dem Fliegenden Sietländer bewältigt. Diese alte Bremerhavener Straßenbahn wird auf Gummirädern von einem Traktor durch das Dorf bis zu Rüschs Sommergarten gezogen. Dort gibt es dann alles, was Rüschs Küche und natürlich das Portemonnaie des Gastes hergeben.

Vielleicht hätten meine Freunde und ich bei unserer ersten Wandertour die Onkel Heinz benutzen sollen, denn für uns wurden die 25 Kilometer zwischen Cuxhaven und Ihlienworth zu einer Tortur. Erleichtert kehrten wir nach stundenlangem Marsch bei Rüsch ein. Der Wirt kredenzte uns die Spezialität des Hauses: Bärenfang. Der Schnaps bestand fast nur aus Zucker, aber er tat, wenigstens indirekt, unseren geschundenen Füßen gut. Selten habe ich so gut geschlafen wie in dieser Nacht. Nach dem kräftigen Frühstück gab es nur ein Problem: Die nächste Tagesetappe stand an.

Das kulturelle Angebot in Otterndorf ist groß. Die *Puppenstube* in der Marktstraße zeigt Puppen, Plüschtiere und Zubehör. Im Museum gegenstandsfreier Kunst kommen Freunde der modernen Kunst auf ihre Kosten.

LANDFRAUENMARKT /// HAUPTSTRASSE 40 /// 21775 IHLIENWORTH ///
0 47 56 / 8 50 98 70 /// WWW.LANDFRAUENMARKT.DE ///

EIN ORT VOLLER LEBEN

Landfrauenmarkt in Ihlienworth

24

An jedem zweiten und vierten Wochenende eines Monats läuft in Ihlienworth, dem Hauptort des Sietlandes, alles auf Hochtouren. Die Gaststätten haben früher geöffnet, Besucher können sich durch die Kirche führen lassen oder das Milchmuseum begutachten, und natürlich sind auch die Medemfahrten gut ausgebucht. Es ist Landfrauenmarkt.

Vor der alten Meierei sieht man die Kunden wimmeln. Innen gibt es alles, was nicht nur das Landfrauenherz höher schlagen lässt: Neben den Brot-, Fleisch- oder Gemüseständen, die wohl auf jedem Wochenmarkt üblich sind, gibt es ganz besondere Waren, wie zum Beispiel Fleisch vom Ziegenhof in Neubachenbruch oder vom Charolais-Rind aus Bülkau, Fisch aus Bad Bederkesa, Honig aus Elmlohe. Die Liste ließe sich noch lange fortsetzen. Schöne Dinge, die für einen längeren Gebrauch bestimmt sind, bieten Kunsthandwerker und Künstler an. Stickereien, Schmuckunikate, Holz- und Drechselarbeiten, Keramik, Naturseifen und vieles mehr gibt es hier käuflich zu erwerben. Gratis dagegen gibt es den Spaß beim Sehen und Gesehenwerden – Freunde und Bekannte treffen, stöbern und klönen. Manche Kundinnen reisen sogar aus Bremerhaven oder Cuxhaven an, um das ungewöhnliche Warenangebot des Landfrauenmarktes zu nutzen, der immer wieder unter einem anderen Motto steht und damit auf saisonale Aspekte und unterschiedliche Käuferinteressen eingeht. Selbst gemachte Kuchen und Torten gibt es, auf Anfrage auch außerhalb der Tage des Landfrauenmarktes, im Landfrauencafé.

Ihlienworth war, wie die anderen Sietlandorte, bis zum Bau des Hadler Kanals im Winter meist nur mit den Sietlandflöten zu erreichen. Diese schmalen Boote, die man mit langen Stangen auf den Wasserläufen bewegt, sind heute nicht mehr nötig.

An der Alten Schule, gegenüber der Meierei, können Sie sich immer noch auf Sietlandflöten durch das Sietland staken lassen.

WASSERSKIANLAGE NEUHAUS /// SEESTRASSE ///
21785 NEUHAUS/OSTE /// 0 47 52 / 12 61 ///
WWW.WASSERSKI-NEUHAUS.DE ///

WAKEBOARDING AUF DEM OSTESEE

Wasserskianlage in Neuhaus/Oste

25

Auf dem Ostesee ganz in der Nähe des Ortes Neuhaus und des Natureums Niederelbe kommen Freunde des Wassersports voll auf ihre Kosten. Dabei geht es ausnahmsweise nicht ums Segeln, Schwimmen oder Paddeln, sondern um eine Trendsportart, die in den 90er-Jahren aus den USA zu uns kam: das Wakeboarden. Hierbei lässt der Sportler sich von einem Motorboot oder einem Wasserskilift über ein breites Gewässer ziehen und steht dabei seitlich zur Fahrtrichtung auf einem Brett, das mit parallel angebrachten Bindungen für die Füße versehen ist. Der Wakeboarder springt dann über die Kielwelle (»wake«) des Motorboots und macht seine Tricks. Bei Wasserskiliften werden die Sprünge durch Schanzen, sogenannte »Kicker«, möglich.

Die Anlage am Ostesee besitzt zehn davon und ist daher für die Trendsportler ein spannender Trainingsplatz. Sie besteht als reine Wasserskianlage schon seit mehr als 40 Jahren und wurde im Jahr 2009 den Bedürfnissen der Wakeboarder angepasst. Ausrüstungsverleih, ein Bistro und ein Shop sind vorhanden, und interessierte Zuschauer können es sich auf der Sonnenterrasse bei einem kühlen Getränk gut gehen lassen. Dort können sie staunend verfolgen, mit welcher Eleganz die Wassersportler ihre waghalsigen Kunststücke auf den Schanzen namens *Pipe mit Elbow*, *Steffen Vollert* oder *Funbox* vollführen.

Der See, auf dem die Sprünge gezeigt werden, ist dem Bau des Ostesperrwerks zu verdanken. Ein Stück Oste wurde 1968 abgedämmt und ein neuer Flussabschnitt gebaut. Hier liegt heute das Ostesperrwerk. Es hält das Nordseewasser auf, das bei Sturmfluten in die Ostemündung hineingedrückt wird. Denn die Oste ist einer der wenigen tideabhängigen Flüsse, das heißt, ihr Wasser fließt bei Flut sogar stromaufwärts.

In Neuhaus/Oste werden bei *G. F. Ulex Nachfolger* Spirituosen, vor allem Fruchtbrände, Aquavite und Liköre, gebrannt. Im Gasthaus Alt Neuhaus bekommen Sie sogar zwei Sorten selbst gebrautes Bier.

NATUREUM
Niederelbe
NATUREUM NIEDERELBE /// NEUENHOF 8 /// 21730 BALJE ///
0 47 53 / 84 21 10 /// WWW.NATUREUM-NIEDERELBE.DE ///

NATURKUNDE ZUM ANFASSEN

Natureum Niederelbe in Balje

26

Das Natureum Niederelbe ist das facettenreichste Naturkundemuseum des Cuxlandes. Fast direkt an der Ostemündung gelegen, ist das Gelände an sich schon ideal für die Beschäftigung mit der Natur. Sowohl im Innen- als auch im großzügigen Außenbereich gibt es für die ganze Familie viel zu entdecken.

Zunächst betritt man den Eingangsbereich KüstenWelle. Unübersehbar ist hier das beeindruckende Skelett eines Pottwals, der 1997 vor Cuxhaven strandete. Das Gebäude beherbergt außerdem im oberen Stockwerk Labors, die Schülern zur Ergänzung ihres Biologieunterrichts zur Verfügung stehen.

Im Außenbereich des Geländes liegt der Elbe-Küstenpark, der mit seinen Aktionszonen und Freilichtausstellungen einen unmittelbaren Eindruck von der Natur gibt. Hier werden nicht nur die Großlandschaften des Cuxlandes, Küste, Marsch und Geest vorgestellt, sondern auch auffällige Exponate zur Vorzeit zwischen Elbe und Weser gezeigt, unter denen sich zum Beispiel »echte« Dinosaurier befinden. Eine Picknickzone mit Spielplatz und Bänken sorgt für die Möglichkeit zum Verschnaufen. Ebenfalls im Außenbereich sind in Gehegen und Teichen Zwergotter, Esel und Ziegen zu bestaunen. Nur ein paar Hundert Meter entfernt befindet sich mein Lieblingsplatz im Natureum: die Vogelbeobachtungsstation an der Ostemündung. Hier liegen Ferngläser bereit, mit denen die Besucher nicht nur Wasservögel, sondern auch den Schiffsverkehr auf Oste und Elbe beobachten können.

Im Ausstellungsgebäude der Anlage ist das Küstenmuseum untergebracht. Mit seinen Dioramen, Schaubildern und Exponaten liefert es den theoretischen Hintergrund zu den draußen erfahrenen Themen. Der hier befindliche Aussichtsturm gibt den Blick weit über die Elbe und die Oste frei. Übrigens legt die Mocambo (Beitrag 30) regelmäßig beim Natureum an, um Gäste mit auf Elbtour zu nehmen.

In vielen der größeren Orte im Cuxland gibt es Stadtführungen. Eine besondere Qualität haben die beliebten Touren in Neuhaus/Oste. Hier gehen Sie mit einem französischen Soldaten auf Schmugglerjagd.

TAUBENHOF GUT CADENBERGE /// GRAF-BREMER-STRASSE 33 ///
21781 CADENBERGE /// WWW.TAUBENHOF-CADENBERGE.DE ///

EINE OASE DER RUHE

Gut Taubenhof in Cadenberge

27

Ein wenig versteckt, am Gutspark und hinter dem eigentlichen Ort Cadenberge, liegt der Taubenhof. Trotzdem ist er in mancher Beziehung der Mittelpunkt des Ortes. Kulturzentrum, Hotel, Kino, Café und Geschenkeparadies in einem. Vor dem alten Fachwerkgebäude fließt Wasser aus einem kleinen Brunnen. Der weiträumige Rasen bietet Platz für die verschiedensten Kunstwerke und für einen »kommodigen« Kaffeegarten. Besonders fasziniert hat mich die Katze, die an einem heißen Sommertag zwischen den Stühlen des Cafés ihr Nickerchen machte. Sie muss bemerkt haben, dass ich sie beobachtete – nur kurz guckte sie verschlafen in meine Richtung und drehte sich dann seelenruhig von mir weg. Vogelgezwitscher und das unvermeidliche Gurren der Tauben lassen einen hier, kaum 500 Meter entfernt von der vielbefahrenen B 73, an eine Oase der Ruhe denken.

Dabei geht es an vielen Tagen hier höchst lebendig zu. Es gibt Kinoabende, Musikveranstaltungen, Kabarett und natürlich das Sonntagsbüfett. Die Gegend muss schon vor 500 Jahren schön gewesen sein. Damals wurde der spätere Taubenhof als Gut der Grafenfamilie Bremer erwähnt. Zu dem bereits vorhandenen Gutshaus und der Großen Scheune wurde nach 1853 das besagte Taubenhaus errichtet. Ein Gutspark im Stil eines englischen Landschaftsparks entstand um dieselbe Zeit. Ein großer Teil der Wirtschaftsgebäude steht noch. Das ganze Ensemble wurde in den letzten Jahren mit EU-Mitteln und viel Unterstützung aus der Region grundsaniert. Dabei wurde auf den Landschaftspark ein besonderes Augenmerk gelegt. Zwischen 2007 und 2009 hat der Eigentümer, der Landkreis Cuxhaven, durch die Pflege und Wiederherstellung der historischen Substanz den Park wieder instand gesetzt. Es lohnt sich immer, einen Blick in den Taubenhof zu werfen.

☞ Nicht weit von Cadenberge, in Odisheim-Lichtenpils, wartet ein besonderes Kunstwerk auf Sie: der Schmied von Lichtenpils, eine Figur gänzlich aus Eisenteilen gestaltet.

KURPARK /// AM OLYMP /// 21789 WINGST ///

NÄHERE INFORMATIONEN BEI DER TOURISMUSZENTRALE WINGST /// HASENBECKALLEE 1 /// 21789 WINGST /// 0 47 78 / 8 12 00 /// WWW.WINGST.DE ///

IN OLYMPISCHEN HÖHEN

Kurpark Quellental und Deutscher Olymp in der Wingst 28

Die Wingst mit ihren Attraktionen war schon immer das Ausflugsziel für Hadler und Cuxhavener. Der waldreiche Wingster Höhenrücken ist im flachen Cuxland eine Rarität. Das Quellental – heute liegt dort der Kurpark – war bereits im 19. Jahrhundert als Ort heilkräftiger Quellen bekannt. So kam es, dass immer mehr Menschen in die Wingst reisten. Der Gastwirt Johann Hinrich Thumann baute 1828 im heutigen Ortsteil Wassermühle sein Tanzlokal Himmelreich. Er hatte die Idee, den Fahlenberg, der frühere Standort eines optischen Telegrafen, zu einer Attraktion zu machen. Thumann soll der werbewirksame, neue Name des Fahlenbergs zu verdanken sein: Deutscher Olymp. Mit dieser Umbenennung war der Erfolg der Wingst als Tourismusregion nicht mehr aufzuhalten.

1860 entstand der erste Aussichtsturm auf dem Deutschen Olymp. Das ist zwar nicht der höchste Punkt der Wingst, aber der am leichtesten erreichbare. Zu den 61 natürlichen Metern des Deutschen Olymps kamen die zunächst sieben, inzwischen 29 Meter des Aussichtsturms hinzu. Von dort aus hat der Besucher einen weiten Blick über das Elbe-Weser-Dreieck. Nach und nach gab es immer mehr Gaststätten, die den Besuchern Kaffee und Kuchen anboten. Mit dem Anschluss an das Eisenbahnnetz kamen sogar Besucher aus Stade und Hamburg.

Die Wingst lebt nicht nur vom Deutschen Olymp. Der Sport- und Spielpark mit seiner Sommerrodelbahn und dem Baumseilpfad ist nicht nur für Kinder ein Anziehungspunkt. Das Waldmuseum und der Familienerlebnisweg bieten auf freundlich-bewegende Art Wissen für die ganze Familie an. Die heilkräftigen Quellen im Kurpark sind leider nur noch bei starkem Regen zu erkennen. Trotzdem können die Besucher in der Kneippanlage, mit den Fitnessgeräten oder beim Minigolf gut entspannen.

Das einstige Hotel Waldschlösschen war der gesellschaftliche Mittelpunkt der Gegend. Als Parkhotel Keck ist es, unter neuer Leitung, auf dem besten Weg, wieder erstes Haus am Platz zu werden.

ZOO IN DER WINGST /// AM OLYMP 1 /// 21789 WINGST ///
0 47 78 / 2 55 /// WWW.WINGSTZOO.DE ///

RENT A DUCK

Zoo in der Wingst

29

In früheren Jahren war der Babyzoo für die Kinder der Gegend ein Begriff. Zunächst als Aufzuchtstation für verwaiste Tierkinder gegründet, hat er sich längst zu einem vollwertigen Zoo gemausert. Die artgerechte Haltung der Tiere ist hier eine Selbstverständlichkeit. Und die Liste der Tierarten liest sich wie Brehms Tierleben: Von der Abgottschlange bis zur Zwergziege ist alles dabei.

Gleich links am Eingang ist der Bereich für die Raubtiere. Weiße Tiger, Ozelote und Löwen sind gefahrlos für die Besucher zu betrachten. Die Gehege sind freundlich und abwechslungsreich für ihre Bewohner gestaltet. Gegenüber den Raubkatzen wohnen verschiedene Affenarten. Meerkatzen, Gibbons oder Hulmane sind flink in ihren Gehegen unterwegs und sorgen durch ihr menschenähnliches Verhalten für manche Überraschung. Um die Ecke in den Terrarien gibt es Grüne Leguane, Apothekerskinks oder Zwergtaggeckos zu bestaunen. Der Besucher muss schon ein wenig nach ihnen Ausschau halten, denn manche dieser kleinen Reptilien tarnen sich sehr gut. Vor den Terrarien ist der Kiosk zu finden. Hier gibt es die bei Kindern so beliebten Pommes frites und für gestresste Eltern oder Großeltern einen Kaffee.

Im Streichelbereich des Zoos können dann Kängurus oder Ziegen getätschelt werden. Jedenfalls, wenn die Tieren nichts Besseres vorhaben. Fast hat man das Gefühl, die frechen Ziegen halten gönnerhaft still und stibitzen dann neugierig etwas, was sie nicht bekommen sollten. In der Nähe des Wirtschaftshofes steht der Storch; er teilt seinen Bereich mit Flamingos und allerhand Enten.

Übrigens können Sie eine Ente mieten, wenn Sie der Schneckenplage in Ihrem Garten nicht anders Herr werden. Das ist eine kreative und umweltschonende Lösung Ihres Problems.

☞ Die Internetseite des Zoos bietet Informationen zu den Fütterungszeiten bestimmter Tierarten an. Gegen Abend kann der Besucher die Bären- oder Wolfsfütterung besuchen.

FAHRGASTSCHIFF MOCAMBO /// DEICHWEG (HINTER DER KIRCHE) /// 21787 OBERNDORF /// 0 47 51 / 9 78 16 11 /// WWW.OSTESCHIFFFAHRT.DE ///

MIT DER MOCAMBO AUF DER OSTE

Fahrgastschiff Mocambo in Oberndorf

30

Direkt hinter der Oberndorfer Kirche liegt eines der ältesten noch in Fahrt befindlichen Fahrgastschiffe Deutschlands, die Mocambo. Nicht anders als ein Mensch hatte das Schiff ein wechselvolles Schicksal. 1872 lief sie noch als Dampfschiff in Hamburg-Steinwerder vom Stapel. Zunächst war sie als Ausflugsschiff für die Vereinigten Alsterschiffer unterwegs. Eignerwechsel folgten 1920, 1939 und 1945. Der Umbau zu einem Motorschiff war 1946 nicht mehr zu vermeiden. Das inzwischen in Lübeck beheimatete Schiff wechselte 1952 mit neuem Namen nach Berlin. Hier fand eine Generalüberholung statt, die dem Schiff seine heutigen Abmessungen einbrachte. Auf den Flüssen, Kanälen und Seen von Berlin fuhr es bis 1977. Seit 1978 liegt es in Oberndorf, ein Zwischenspiel an der Ostsee abgerechnet.

Heute fährt die Mocambo wieder, je nach Tide, die Oste hinauf und hinab. An Bord gibt es eine Restauration, sodass sich niemand um sein leibliches Wohl sorgen muss. Die Fahrt ostenabwärts führt an Neuhaus, durch das Ostesperrwerk und am Natureum vorbei ins Ostewatt und auf die Elbe. Hier gibt es Seevögel, Seehunde und natürlich die Schiffe auf der Elbe zu sehen. Osteaufwärts werden Touren verschiedener Länge angeboten. Von Oberndorf aus geht es an der Ostener Schwebefähre und der Kleinwördener Mühle vorbei. Wenn der Wasserstand es erlaubt, geht die Fahrt durch die Flussschleifen weiter. Vorbei an den renaturierten Pütten bei Hechthausen, an den Prahmfähren von Brobergen und Gräpel nach Bremervörde. Eine derart weite Fahrt ist nur vier- oder fünfmal im Jahr möglich. Sie sollten sich in jedem Fall anmelden, wenn Sie einen Ausflug mit der Mocambo planen. Oder Sie haben das Glück, zu einer privaten Feier an Bord eingeladen zu werden.

Die Theatergruppe *Kultur auf dem Lande* um Hartmut Behrens gehört mit den selbst verfassten Stücken zur Hadler Kulturlandschaft. Hausgemachtes einmal nicht zum Verzehr geeignet.

BALKSEE /// ANGLERSTRASSE /// 21789 WINGST ///
NÄHERE INFORMATIONEN BEI DER TOURISMUSZENTRALE WINGST ///
HASENBECKALLEE 1 /// 21789 WINGST /// WWW.WINGST.DE ///

PARADIES DER KINDHEIT

Balksee in Wingst

31

Mein nächster Lieblingsplatz liegt, Sie werden es kaum glauben, mitten in Sibirien. Meine Eltern besaßen in der Nähe des Balksees einige Wiesen, die waren nass und brachten wenig Ertrag. Deshalb hatten die Wingster diese Gegend nach dem verlassensten Land benannt, das sie sich vorstellen konnten: Sibirien.

Tatsächlich ist dieser Platz nicht leicht zu finden. Sie müssen aus der Wingst in Richtung Lamstedt fahren und dort auf die Hinweisschilder an der Straße achten. Die Schilder stehen im Ortsteil Süderbusch. Der Ortsname hört sich ein wenig nach einer Kindergeschichte von Astrid Lindgren an. Hier spielt zwar nicht der Michel aus Lönneberga, und Pippi Langstrumpf hat diesen Ort nicht entdeckt. Doch aus meiner Kindheit sind die kleinen Häuser an der Straße zum See nicht wegzudenken.

Kennen Sie den Geschmack von Bucheckern? Ich kann mich an ein öliges Gefühl im Mund erinnern, als wir Kinder diese Delikatesse probierten. Eine andere Kindheitserinnerung ist die Hitze auf dem langen Weg zum Balksee. Die Straße vor mir schien in gleißendes Licht getaucht zu sein; die Konturen verschwanden im Hitzeflimmern. Meine Schwester und die anderen Kinder aus Bullerbü-Süderbusch wollten zum Baden. Ich war meiner Schwester »aufs Auge gedrückt« worden und musste ebenfalls mit. Es war spannend am Balksee, denn es gab einen Kiosk mit Bootsverleih, und natürlich jede Menge Hamburger. Hamburger, das waren für uns Kinder alle Menschen, die wir nicht kannten. Alle Hamburger waren natürlich reich, und wenn wir Glück hatten, bekamen wir von ihnen ein Eis geschenkt.

Aus meinem Kleinkinderidyll ist ein Naturschutzgebiet geworden. Sibirien ist längst nicht mehr zu erkennen. Heute verirren sich nur noch Angler und Vogelbeobachter in einen Aussichtsturm am Seeufer.

Nicht weit von Süderbusch liegt das Gefallenenmal von Ellerbruch. Gerade im Herbst entsteht eine stimmungsvolle Atmosphäre, wenn das rote Laub zwischen den Grabsteinen liegt.

DEUTSCHES ZEMENT-MUSEUM /// CUXHAVENER STRASSE / HEMMER STRASSE /// 21745 HEMMOOR /// 0 47 71 / 71 40 /// WWW.ZEMENTMUSEUM-HEMMOOR.DE ///

ALLES ÜBER ZEMENT

Deutsches Zement-Museum in Hemmoor

32

Manchmal spielt der Zufall im Leben eine gewichtige Rolle: Die Legende besagt, dass der Gründer des Hemmoorer Zementwerkes, Jürgen Hinrich Hagenah, einem dringenden Bedürfnis nachging, als er die Rohstoffe für seine Zementherstellung fand.

Fest steht wohl, dass bereits im 19. Jahrhundert Bodenschätze in der Gegend um Hemmoor vermutet und bei Bohrungen im Jahre 1859 Kreide und Ton gefunden wurden – die Grundstoffe von Zement, der als Bindemittel erst wenige Jahre zuvor entdeckt worden war. Der Stader Holzhändler Hagenah hatte 1862 ursprünglich mit einer Kalkbrennerei und einer Ziegelei in Hemmoor begonnen und stieg ab 1866 in die Produktion von Zement ein, der mit der beginnenden Industrialisierung ein gesuchter Baustoff wurde. Um 1905 zählte die Zementproduktion um die 2.000 Beschäftigte, bevor die Technisierung bald wieder für einen Arbeitsplatzabbau sorgte.

Das Zementwerk in Hemmoor bestand unter verschiedenen Firmierungen lediglich bis 1983. Übrig blieb eine ursprünglich 130 Meter tiefe Grube, die durch Bauschutt bis auf 60 Meter Tiefe verfüllt wurde. Nach und nach stieg Grundwasser in die Grube, bis sich der heutige Kreidesee gebildet hatte. Dort können Taucher spannende, aber durch die Wassertiefe auch gefährliche Tauchgänge unternehmen. Ehemalige Zementarbeiter wollten die Tradition der Zementherstellung in Hemmoor für die Nachwelt dokumentieren – die schriftliche Form allein reichte ihnen allerdings nicht aus, und so entstand ein Freigelände, in dem aus den Arbeitsmitteln und Maschinen Exponate zum Thema Zement wurden. Ganze Betriebsbereiche, wie Schmiede, Lokschuppen und Museumsschute, sind heute noch im Originalzustand zu sehen und geben einen Einblick in die Arbeitswelt des frühen 20. Jahrhunderts.

Inzwischen gibt es eine Tauchbasis am Kreidesee. Hier können Sie das Tauchen lernen oder sogar mit einem U-Boot im Kreidesee auf Entdeckungsfahrt gehen.

ST.-ANSGAR-KIRCHE /// HAUPTSTRASSE 2 /// 21745 HEMMOOR ///
0 47 71 / 24 58 /// WWW.SANKT-ANSGAR-HEMMOOR.DE ///

EIN WÄRMENDES LICHT

St.-Ansgar-Kirche in Hemmoor

33

Im Cuxland sind die katholischen Kirchen jünger als ihre evangelischen Gegenstücke, denn die Bevölkerung des Cuxlandes ist fast vollständig evangelisch-lutherisch. Erst als Katholiken aus anderen Teilen Deutschlands oder den Nachbarländern zuwanderten, wurde der Bau katholischer Kirchen nötig. So zog zum Beispiel die Produktion von Zement in Hemmoor immer mehr Arbeiter aus dem Ausland an, und bereits 1905 wurde in Warstade die katholische St.-Ansgar-Kirche gebaut.

Früher lag die Kirche mitten im Ort, eine Umgehungsstrecke der B 73 hat sie ein wenig aus dem Blickfeld gerückt. Wer die repräsentativen »Bauerndome« von Altenbruch oder Otterndorf kennt, findet in der St.-Ansgar-Kirche das schlicht-schöne Gegenstück. Das Grau des Altarsteins unter dem Kreuz, das im Sonnenlicht zu strahlen scheint, hebt sich von den weißen Innenwänden unaufdringlich ab. Die stilvoll bemalten Glasfenster mit Episoden aus dem Leben des Kirchenpatrons Ansgar bringen Frische in den Raum. Ansgar ist als Apostel des Nordens in die Kirchengeschichte eingegangen. Am meisten hat mich der Marienaltar in der linken Ecke angezogen. Die lebensnah gestaltete Muttergottes mit dem Kind auf dem Altarstein strahlt Gelassenheit aus und versetzt den Besucher in eine friedvolle Stimmung. Teelichte liegen bereit, um einem Gebet oder einem Segenswunsch durch eine symbolische Handlung Nachdruck zu verleihen. Aus reiner Neugier kam ich in die St.-Ansgar-Kirche, erst später wurde mir klar, dass dieser Ort ein Stück Familiengeschichte bedeutet. Die Großmutter meines Stiefvaters kam aus Polen, um Arbeit in der Zementproduktion zu suchen. Vielleicht hat sie hier gebetet, wenn die Sehnsucht nach der Heimat zu groß wurde. St.-Ansgar ist ein Platz zur Besinnung in einer immer schneller werdenden Zeit.

Von Hemmoor aus führt die B 495 zur Elbfähre nach Wischhafen. Am Ende der spannenden Elbüberquerung legt die Fähre im schönen Glücksstadt an.

FLUSS-HOTEL UND RESTAURANT FÄHRKRUG /// DEICHSTRASSE 1 ///
21756 OSTEN /// 0 47 71 / 23 38 /// WWW.FAEHRKRUG.DE ///

GLEICH NEBEN DER SCHWEBEFÄHRE

Gasthaus Fährkrug in Osten

34

Die Schwebefähre von Osten ist im Cuxland, und darüber hinaus, sehr bekannt. Imposant ragt die Stahlkonstruktion hoch über die flachen Ostemarschen auf. Eine gemächliche Schwebefahrt führt den Besucher von der Stadt Hemmoor nach Osten, doch nicht das sehenswerte Osten oder die Schwebefähre ist mein Lieblingsplatz, sondern der Fährkrug. Seit Jahrhunderten liegt er an der Ostefähre. Das heutige Gebäude des Fährkruges steht seit 1764 am Fluss. Die Schwebefähre, konstruiert von einem Schüler Gustave Eiffels, kam erst im Jahre 1909 dazu. Gleich am Haus lädt der Garten mit seinen Tischen und Stühlen zur Rast am Osteufer ein. Von hier aus kann man das Treiben auf dem Fluss beobachten und natürlich den Betrieb auf der Schwebefähre.

Der Fährkrug erinnert mich an eine Wandertour entlang der Oste. Zu viert waren wir von Geversdorf aufgebrochen, und als Erstes galt es, die Oste-Klappbrücke zu überqueren. Gerade als wir die Ampel auf der Brücke ein Stück hinter uns gelassen hatten, ertönte ein schriller Klingelton, der die Sperrung der Brücke ankündigte. Erschrocken begannen wir zu laufen, denn wir hatten wenig Lust, im an dieser Stelle sehr breiten Fluss zu landen. Erst als der Brückenwärter abwinkte, beruhigten wir uns wieder.

Wir wanderten den Ostedeich entlang durch die kleinen Dörfer mit ihren alten Höfen, den Obstgärten und den Sielanlagen. Als wir unser Tagesziel, den Fährkrug, erreicht hatten, gab es ein Einlaufbier. Dieses erste Bier nach den Mühen der Wanderung, noch mit dem Rucksack auf dem Rücken getrunken, war ein besonderer Genuss. Dazu der Klönschnack mit dem Wirt, der sehr interessant von seiner Begegnung mit dem spanischen König erzählte. Nach dem Duschen und beim Genießen des guten Essens im Fährkrug stellten wir fest: Es hätte uns nicht besser gehen können.

☞ Die *Fährstuv* am Ostener Ufer wird gern übersehen, gibt aber gute technische Informationen über die Schwebefähre und das malerische Dorf Osten.

GEMEINDE HECHTHAUSEN /// MARKTPLATZ 4 ///
21755 HECHTHAUSEN /// 0 47 74 / 2 55 /// WWW.HECHTHAUSEN.DE ///

WO DIE HECHTE KÖNIGE SIND

Marktplatz in Hechthausen

35

Hechthausen, das »Tor zum Cuxland« liegt verkehrsgünstig an der Bundesstraße 73. Kurz hinter der Straße nach Lamstedt biegen Sie am besten nach rechts auf den Marktplatz ab, der nicht nur der nominelle Mittelpunkt der kleinen Ostegemeinde ist. Lassen Sie Ihr Auto stehen und erkunden Sie von hier aus den Ort.

Auffällig ist das Gasthaus Zur Ostekrone – es beherrscht den Marktplatz und hier finden die Veranstaltungen des Kulturkreises Hechthausen e. V. statt. Ein weiterer Blickfang ist der Hechtbrunnen, der dem Wappen der Gemeinde nachempfunden wurde. Abgeschlossen wird der Platz seit dem 13. Jahrhundert von der St. Marien-Kirche, in deren Inneren die schönen Glasfenster besonders zur Geltung kommen.

Ebenso wie die Kirche stand der gesamte Ort früher unter dem Patronat der von Marschalck von Bachtenbrocks. Der Familie oblag nicht nur die Sorge um das Kirchgebäude, sondern auch die Halsgerichtsbarkeit. Der Grundherr durfte also nicht nur private Streitigkeiten entscheiden, sondern konnte Diebe oder Mörder sogar zum Tode verurteilen. Allerdings sind diese Zeiten lange vorbei. Der Weg an der Kirche führt auf das Gut Hutloh der Familie von Marschalck zu. Leider sind die Gebäude nicht zu besichtigen. Die schöne Allee, die als Zufahrt zum Gut dient, ist diesen kleinen Abstecher aber allemal wert. Auf dem Rückweg entlang der Hutloher Straße finden Sie das KunstWerk Hechthausen. In dem alten Gefängnisgebäude wartet heute niemand mehr auf sein Urteil, stattdessen können sich die Besucher hier mit Kaffee verwöhnen lassen. Bei der Wirtin übrigens kann man Kurse in Beton-Bildhauerei belegen.

Der Geesthof in Hechthausen-Klint mit seinen Ferienhäusern bietet ein spannendes Programm vom Angeln bis hin zum Urlaub mit Pferden.

Mit dem Püttenhüpper können Sie Bootstouren auf der Oste unternehmen. Aber auch der Aussichtsturm in Hechthausen-Laumühlen bietet einen schönen Rundblick über die Oste.

SEGLER-VEREINIGUNG GLÜCKSTADT E. V. /// AM HAFEN 54 ///
POSTFACH 1122 /// 2548 GLÜCKSTADT /// 0 42 24 / 52 34 ///
WWW.SV-GLUECKSTADT.DE ODER WWW.RIGMOR.DE ///

MIT DER FÄHRE ZUM GLÜCK

Ausflug über die Elbe nach Glückstadt

36

Weit ist die Elbmündung bei Cuxhaven. Aber noch ist ein gegenüberliegendes Ufer zu erkennen. Etwas weiter südlich liegt jenseits der Elbe Glückstadt. Wer in Cuxhaven Urlaub macht und einen Ausflug plant, für den ist die Fährfahrt über die Elbe reizvoll. Eine Autofähre verbindet mit dem anderen Ufer, sie fährt um die Spitze der Elbinsel Krautsand im halbstündlichen Abstand. Wenige Autominuten oder eine halbe Stunde Fußweg auf dem Deich, und schon ist man in Glückstadt, dieses vom dänischen König im 17. Jahrhundert als Garnisonsstadt erbaute und gut erhaltene Juwel im Stil der Spätrenaissance.

Das Gebiet um Glückstadt ist ein Dorado für Elbsegler und wegen des Gezeitenwechsels, vorgelagerten Sandbänken und starker Strömung eine anspruchsvolle Herausforderung. Hier versuchen sich die Hamburger, bevor sie sich aufs offene Meer trauen. Jeden Mittwoch in der Saison kann um 19 Uhr von der Mole aus eine Regatta vor dem Glückstädter Hafen beobachtet werden. Der Nachwuchs übt im Binnenhafen. Mit seiner Hafenstraße ist er von historischen Giebelhäusern und Palästen gesäumt, überragt vom achteckigen Wiebke-Kruse-Turm von 1630/31, der nach der Geliebten des königlichen Stadtgründers Christian IV. benannt wurde. Gemeinsam mit dem Fleet und dem Markt bildet er das Herz der Stadt.

Am Hafenende zur Stadt hin liegt ein kleines Restaurant, davor stehen einige Strandkörbe. Wer dort an einem sonnigen Tag einen Platz ergattert, kann den Blick über die Hafenstraße mit den farbigen Häusern schweifen lassen, über das Wasser des Hafens und die schaukelnden Segelschiffe. Von dort aus gesehen am linken Ufer liegt das Rantzau-Palais, ursprünglich erbaut von der bekannten schleswig-holsteinischen Grafenfamilie, abgerissen und 1719 neu erbaut – lange Zeit ein Zucht- und Tollhaus. Seit 1927 kann man dort wohnen.

Die Rigmor ist das älteste noch fahrtüchtige Segelschiff Deutschlands, 150 Jahre im Dienst. Mit ihr kann man Segeltouren auf der Elbe mieten und sogar selbst bestimmen, wohin die Reise geht.

VOLKSHOCHSCHULE GLÜCKSTADT E. V. IM WASMER PALAIS ///
KÖNIGSTRASSE 36 /// 25348 GLÜCKSTADT ///
0 41 24 / 8 10 79 /// WWW.VHS-GLUECKSTADT.DE ///
DETLEFSEN-MUSEUM IM BROCKDORFF-PALAIS /// AM FLETH 43 ///
25348 GLÜCKSTADT /// 0 41 24 / 93 76 30 ///
WWW.DETLEFSEN-MUSEUM.DE ///

DAS 17. JAHRHUNDERT AN DER ELBE

Glückstadt – eine Stadt voller Paläste

37

Selten hat eine verhältnismäßig kleine Stadt so viele Paläste zu bieten wie Glückstadt. Am Binnenhafen sind sie aufgereiht, unter anderem das Palais für moderne Kunst, das wechselnde Ausstellungen internationaler und nationaler Künstler zeigt, organisiert durch den Kunstverein, in dem interessierte Bürger sich engagieren. In der zur Hafenstrasse parallel gelegenen Königstraße, vorbei an einer Soldatenunterkunft von 1603 am Jungfernstieg 13, läuft der Besucher entweder links auf den Deich zu und verschwindet am endlosen Horizont oder rechts zu einem der schönsten Paläste Glückstadts, dem Wasmer-Palais. Besucher finden das Gebäude nicht sofort, da es etwas verborgen steht, aber Glückstädter haben allen Grund, sich regelmäßig dort aufzuhalten, es beinhaltet nämlich die Volkshochschule und die Musikhochschule. Auch Konzerte finden dort statt. Wer das Innere betritt, erlebt einen eindrucksvollen Aufgang in den ersten Stock, wo ein Mohr aus einer gemalten Tapetentür auf die Besucher blickt. Diese Verspieltheit überrascht in dem von außen so vornehm gestalteten Palais. Den Kaminsaal hat der italienische Stukkateur Andrea Maini gestaltet, einen der schönsten barocken Innenräume nicht nur der Stadt, sondern des ganzen Landes. Die unteren Räume sind reich bemalt mit Szenen aus der griechischen Mythologie. Und das alles für das Volk, das hierherkommt, um Sprachkurse zu besuchen, sich über Kunst und Kultur auszutauschen oder im Stucksaal alle Formen von Bewegung auszuprobieren.

Zu bestimmten Unterrichtsterminen ist das Haus von Musik erfüllt. Instrumente können sogar geliehen werden. Vokalensembles, Kinderstreichorchester oder Big-Band – für jeden Glückstädter ist etwas dabei, falls er Musik nicht nur als Zuhörer erleben will.

Auch das Brockdorff-Palais am Fleth 43 wurde 1631/32 für den Gouverneur Reichsgraf Christian von Pentz erbaut. Heute heißt es Detlefsen-Museum mit Sehenswertem aus der Stadtgeschichte.

RATSKELLER GLÜCKSTADT /// AM MARKT 4 /// 25348 GLÜCKSTADT ///
0 41 24 / 9 80 90 65 /// WWW.RATSKELLER-IN-GLUECKSTADT.DE ///
RATSKELLER

VOM GLÜCK, MATJESHERING ZU ESSEN

Der Ratskeller in Glückstadt

38

Heute macht Glückstadt überwiegend durch seine »Matjesmeile« von sich reden. Das ganze Jahr über gibt es dieses Nationalgericht in allen Preislagen und Variationen. In jedem Restaurant der Stadt ist es Bestandteil der Speisekarte, ob in den gutbürgerlichen Hotels am Markt und den Esslokalen der Seitenstraßen oder dem Ratskeller. Bei schönem Wetter mit Blick auf die Renaissancefassade des Rathauses, das 1873/74 nach einem notwendigen Abriss wiederaufgebaut wurde, genau in dem Stil, der 1642/43 von König Christian IV. angeregt wurde: roter Backstein mit Sandsteineinfassungen um die Fenster, ähnlich wie die Börse in Kopenhagen. Der Schlussstein über dem Hauptportal, zu dem eine Freitreppe hochführt, ist bekannt als Neidkopf, der bösen Geistern die Zunge zeigt. Der Marktplatz, einst Exerzierplatz für Soldaten, bietet außer an Wochenmarkttagen begehrten Parkraum. Ein großer runder Platz, gesäumt von der ersten evangelischen Stadtkirche Schleswig-Holsteins und dem Traufenhaus mit hohem Walmdach. Hier einen Glückstädter Matjes zu essen, mit Birnen, Bohnen und Speck oder nach Hausfrauenart, dem widersteht kaum ein Besucher. Ein Hering ist übrigens noch kein Matjes. Der darf beim Fang nicht älter als fünf Jahre sein und muss eine bestimmte Reifungsprozedur hinter sich bringen. Am dritten Donnerstag im Juni beginnen traditionell die Matjeswochen, initiiert von einem tourismusfindigen Bürgermeister, mit einem viertägigen Volksfest. In allen Formen und mit allen Beilagen gehört der Matjes zusammen mit frisch gezapftem Bier. Der Flohmarkt am folgenden Samstag/Sonntag weitet sich auf die gesamte Innenstadt aus. Glückstädter wissen das Glück des Feierns zu schätzen und teilen das gern mit ihren Besuchern.

☞ Von Cuxhaven aus gibt es Tagesfahrten mit dem Schiff Greundek. Dann hat man einen ganzen Tag Zeit. Der Blick auf die hinter der vorgelagerten Insel vorbeigleitenden Riesenpötte erstaunt besonders.

ALTSTADTCAFÉ STADE IM HÖKERHUS /// HÖKERSTRASSE 29 ///
21682 STADE /// 04141 / 4 43 77 /// WWW.ALTSTADTCAFE-STADE.DE ///

FREILICHTMUSEUM /// AUF DER INSEL 2 /// 21680 STADE ///
0 41 41 / 7 97 73 30 /// WWW.MUSEEN-STADE.DE ///

EIN AUSFLUG ZU KAUFLEUTEN, KIRCHEN UND KULTUR

39

Das Hökerhus in Stade

Lohnendes Ausflugsziel und von Cuxhaven aus gut zu erreichen ist Stade, bedeutendste Stadt entlang der Elbe in Richtung Hamburg. Wie Menschen im Mittelalter und der frühen Neuzeit lebten, kann hier erfahren werden. Selbstverständlich auch, wie es heute dort zugeht. Zum Beispiel in der Hökerstraße, Haupteinkaufsstraße der Stadt, deren alte Häuser vom Fachwerk bis zum Jugendstil geprägt sind. Ganz besonders schön ist die Nummer 29, das Hökerhus, ein spätmittelalterliches Kaufmannshaus aus dem 14./15. Jahrhundert, das mit charakteristischem Grundriss und geschmückter Fassade Kriege und Brände überstanden hat. Ich empfehle den ersten Stock, wo das Altstadtcafé Stade der Familie Dressel köstliche Kuchen und Speisen anbietet. Ab 9 Uhr kann gefrühstückt und beim Rückweg nach Kirchen- und Museumsbesuchen in den kleinen Stuben zu Mittag gegessen oder Kaffee getrunken werden. Die Terrasse nach hinten raus ist für warme Tage ein Geheimtipp – Aussicht über stille Höfe inklusive. Im Erdgeschoss befinden sich ein paar Geschäfte, in denen sich das Stöbern lohnt. An der alten Mauer vor dem Haus unter einem der Sonnenschirme der Weinstube zu sitzen und bei einem guten Gläschen Wein die Leute zu beobachten, die bewundernd vor dem Hökerhus stehen bleiben, ist Genuss in doppelter Hinsicht.

Nicht weit von diesem Schmuckstück entfernt steht das nicht minder schöne, dreigeschossige Traufenhaus von 1590, mit unterschiedlich geschnitzten Halbsonnen an den beiden Obergeschossen. Sehenswert ist überhaupt vieles in der von Trubel und quirligem Leben geprägten Straße – von der Nachbildung eines Holzkrans aus dem 17. Jahrhundert bis zum Museum für moderne Kunst, das ebenfalls in einem wunderschönen Doppelfachwerkhaus untergebracht ist. Um der Kultur willen muss kein Stader nach Hamburg fahren, es wird genug vor Ort geboten.

Von der Innenstadt über die Woltmannbrücke zu einem der ältesten Freiluftmuseen Deutschlands laufen; außer einer gepflegten Restauration gibt es auf der Insel ländliche Haus- und Gartenkunst zu sehen.

DER BREITE, LEICHT SCHIEFE TURM DER WILHADI-KIRCHE

ORGELAKADEMIE STADE E. V. /// JOHANNISSTRASSE 3 (JOHANNISKLOSTER) /// 21682 STADE /// 0 41 41 / 77 83 85 /// WWW.ORGELAKADEMIE.DE ///

RATSKELLER STADE /// HÖKERSTRASSE 10 /// 21682 STADE /// 0 41 41 / 78 72 28 /// WWW.RATSKELLER-STADE.DE ///

FÜHREND IM MUSIKLEBEN STADES

Sankt Wilhadi mit dem schiefen Turm in Stade 40

Die Kirchen in Stade liegen ein paar Schritte abseits vom Trubel der Geschäftsstraßen und des Hafens. Schräg hinter dem prächtig verzierten Rathaus im Renaissance-Stil erhebt sich die Kirche St. Cosmae et Damiani und noch weiter in den Gässchen die Wilhadi-Kirche, die von Weitem durch ihren breiten, leicht schiefen Turm überrascht. Dieser viereckige Westturm gehört zum ältesten Teil der Kirche, und seine Mauern sind bis zu drei Meter dick. Gegründet wurde an diesem Platz im 11. Jahrhundert ursprünglich eine Vorgängerkirche, die einst den Titel »Domkirche im Wartestand« erhielt, da ihr Gründer, der Bremer Erzbischof, dort bei seinen Amtsbesuchen in Stade die Messe feierte.

Erst im 14. Jahrhundert wurde die jetzige gotische Hallenkirche erbaut. Schon ganz früh, nur 12 Jahre nach Martin Luthers Thesenanschlag in Wittenberg, wurde die Kirche 1529 lutherisch. Berühmt ist St. Wilhadi wegen ihrer Orgel. Deren Vorgängerin wurde 1678 von Arp Schnittger vollendet, 1724 jedoch durch einen Blitzschlag vollständig zerstört. Zum Glück hatte auch Stade einen kundigen Orgelbauer zu bieten: Erasmus Bielfeldt. 1731 begann er mit dem Bau einer neuen Orgel, 1736 wurde sie eingeweiht. Im Laufe der Zeit gab es eine Reihe von Restaurierungsmaßnahmen, aber noch heute gilt es Organisten als einer der Höhepunkte ihrer Karriere, auf diesem Instrument in Stade spielen zu dürfen. Nicht umsonst wird die reicht verzierte Orgel wie viele andere als »Königin der Instrumente« bezeichnet.

Die andere wichtige Kirche der Stadt, St. Cosmae et Damiani, enthält eine bis heute erhaltene Arp-Schnittger-Orgel. Ganz in der Nähe – die Innenstadt ist schnell zu durchschreiten – liegt das Rathaus mit seiner wunderschönen Fassade, geprägt von Renaissance und Barock, mit der Front zur Hökerstraße.

Im Ratskeller sitzt man noch in den Räumen aus ganz alter Zeit. Bei schönem Wetter natürlich auch in einem Biergarten mitten im Innenstadtbereich. Hier wird die Bierbrauertradition Stades gepflegt.

1620 – 1870
BE
SATZ
UNG
MUSEEN STADE. SCHWEDENSPEICHER /// WASSER WEST 39 ///
21682 STADE /// 0 41 41 / 7 97 73 10 /// WWW.MUSEEN-STADE.DE ///
SCHLOSS AGATHENBURG /// HAUPTSTRASSE /// 21684 AGATHENBURG ///
0 41 41 / 6 40 11 /// WWW.SCHLOSSAGATHENBURG.DE ///

ZU BESUCH BEI ALTEN SCHWEDEN UND MODERNER KUNST

Museen und Fachwerkhäuser in Stade

41

Über 1.000 Jahre alt sind Siedlung und Hafen von Stade. Bereits die Wikinger hatten Lust, hier zu plündern, so lohnenswert war der Kampf um die Stadt. Vom 13. bis zum 17. Jahrhundert war Stade Mitglied der Hanse und betrieb Handel entlang der Nordsee mit Holland und Dänemark. Seine Blütezeit erlebte es unter den Schweden, die während des Dreißigjährigen Krieges die Stadt eroberten und bis 1712 in Stade blieben. Davon zeugen noch heute einige Gebäude, allen voran der Schwedenspeicher, 1692 als Vorratsspeicher errichtet und heute Highlight der Museen in Stade. Er zeigt unter anderem Funde aus der Ur- und Frühgeschichte, führt dem Besucher die Bedeutung der Stadt während der Hansezeit vor Augen und enthält Uniformen und Erinnerungen an die Schwedenzeit – alles auch erfahrbar in einer Multimediaschau.

In Stade wurde viel Geld für die Sanierung der Innenstadt ausgegeben, und es hat sich gelohnt: Wunderbar verzierte Fassaden zeugen von hansestädtischem Reichtum. Und seit das Kernkraftwerk 2003 abgeschaltet wurde, hat der Ort auch den bedrohlichen Charakter von benachbarter Atomkraft verloren. Die ganze Innenstadt, die von Hafen und Burggraben umgeben wie eine Insel für sich liegt, hat einen Zauber, dem sich kein Besucher entziehen kann. Bei schönem Wetter sitzen die Leute entlang des Alten Hafens vor wunderschönen historischen Häusern und genießen die quirlige Atmosphäre.

Nicht weit vom Schwedenspeicher entfernt ist in einem alten Gemäuer über mehrere Etagen das Kunstmuseum untergebracht. Ein bisschen schief und krumm lässt es nicht die hochkarätige moderne Kunst vermuten, die im Inneren zu bestaunen ist. Mit seinen wechselnden internationalen Ausstellungen ist es aus der norddeutschen Kunstwelt nicht wegzudenken!

Wer noch ein bisschen weiter nach Süden fährt, kann das Schloss Agathenburg besuchen, das im Dreißigjährigen Krieg erbaut wurde. Auch hier gibt es barocke Baukunst zu sehen und Kulinarisches zu kosten.

KUTTERHAFEN /// DEICHWEG ///
27639 SPIEKA-NEUFELD/WURSTER NORDSEEKÜSTE ///

INFORMATIONEN BEIM GÄSTEZENTRUM NORDHOLZ ///
WURSTER STRASSE 7 /// 27639 NORDHOLZ/WURSTER NORDSEEKÜSTE /// 0 47 41 / 20 33 ///
WWW.WURSTERNORDSEEKÜSTE.DE/TYPISCH NORDSEEKÜSTE ///

HAFEN PUR

Kutterhafen in Spieka-Neufeld

42

Der Kutterhafen Spieka-Neufeld ist der kleinste und nördlichste der Wurster Küste. Ein Tief führt von der Weser durch die Sände und Wattflächen auf die Küste zu, und die meist flache Fahrrinne für die Krabbenkutter ist mit Pricken abgesteckt. Die Kutter fahren das Tief hoch, bis sie an den gemauerten Kais des Hafens anlegen können. Die flachen, dieselbetriebenen Schiffe, die speziell für den Fang von Krabben ausgelegt sind, sind am besten an den Grundnetzen (Baumkurren) zu erkennen, die über Rollen auf dem Wattboden entlanggezogen werden. Die Krabben werden direkt an Bord gekocht und nach dem Einlaufen in den Hafen verkauft. Probieren Sie unbedingt den frischen Granat – der Geschmack wird Sie für die Mühe des Puhlens mehr als entschädigen. Die Tiefs führen über Deichsiele von den Krabbenkutterhäfen weiter ins Landesinnere, wo sie der Entwässerung dienen. In Spieka-Neufeld gibt es am Kutterhafen einen Wohnmobilstandplatz. Im Sommer versorgen zwei Restaurant-Container die Gäste, die vor allem wegen des Grünstrandes und des Wattlaufens hierherkommen. Es gibt einen kleinen Campingplatz für Besucher, die das ruhige Leben zwischen Wattenmeer und Außendeichswiesen lieben. Wenn Dämmerung und Ebbe zeitlich zusammenfallen, ist nichts als das Glucksen des Watts und die Geräusche der Kühe zu hören.

Die friesischen Bewohner Wurstens schoben über die Jahrhunderte die Deichlinie weiter hinaus, um das neu entstandene Land einzudeichen – die Namen der einzelnen Deichlinien finden sich in den Siedlungsnamen der jeweiligen Ortsteile wieder. Der älteste Deich heißt Oberstrich und stammt aus dem 11./12. Jahrhundert. Ihm folgt der Niederstrich, dann der Alte Deich. Die Siedlungen mit dem Namenszusatz »Neufeld« liegen am heutigen Deich.

☞ Die übrigen Kutterhäfen Wurstens haben andere Schwerpunkte. In Cappel-Neufeld gibt es einen FKK- und einen Textilstrand. Wremen besticht durch sein vielfältiges gastronomisches Angebot am Strand.

DEUTSCHES LUFTSCHIFF- UND MARINEFLIEGERMUSEUM
AERONAUTICUM /// PETER-STRASSER-PLATZ 3 ///
27639 NORDHOLZ/WURSTER NORDSEEKÜSTE ///
0 47 41 / 1 81 90 /// WWW.AERONAUTICUM.DE ///

BEI DEN JÜNGERN GRAF ZEPPELINS

Luftschiffmuseum Aeronauticum in Nordholz

43

Ist es nicht der Traum eines jeden Menschen, zu fliegen? Einmal als Jetpilot die Schallmauer zu durchbrechen oder lautlos durch die Lüfte zu fahren? Im Aeronauticum kommen Sie diesem Traum ein Stück näher. An einem Flugsimulator können Sie zum Beispiel testen, wie es sich anfühlt, ein Luftschiff zu steuern. Oder Sie können beim »Open Plane« ein echtes Flugzeug aus direkter Nähe bewundern.

Der größte Teil der Ausstellung widmet sich dabei dem Thema Luftschifffahrt, das eng mit dem Nordholzer Flugplatz verbunden ist. Im Jahr 1900 war es, als erstmals die von Ferdinand Graf von Zeppelin entwickelten und nach ihm benannten Luftschiffe über dem Bodensee aufstiegen. Schon bald begann sich auch das Militär für diese Erfindung zu interessieren und wählte 1912 das Nordholzer Heidegelände an der Bundesstraße zum Standort für einen Flughafenneubau aus. Verschiedene Hallen wurden errichtet, von denen sich eine sogar um 360 Grad drehen ließ, um ein Luftschiff unabhängig von der Windrichtung aus der Halle ziehen zu können. Als kurz darauf der Erste Weltkrieg ausbrach, wurden von dort aus viele Luftschiffe im Luftkampf eingesetzt, doch kam es zu zahlreichen Unfällen und Abschüssen, und der Siegeszug der robusteren Flugzeuge begann. Nach Ende des Krieges wurden die Hallen in Nordholz verschrottet. Erst 1938 kam es erneut zum Bau eines Flugplatzes auf dem Gelände, der 1945 zunächst in den Händen der Alliierten blieb, bis die Bundeswehr ihn 1958 wieder übernahm. Inzwischen ist auch eine zivile Nutzung des Platzes möglich.

Im Aeronauticum sind viele der Ehrenamtlichen noch selbst mit den vorgestellten Flugzeugen geflogen. So wird der Museumsbesuch zu einem sehr lebendigen Erlebnis, was – nicht nur für Technikinteressierte – ein Höhepunkt des Cuxlandbesuches ist.

☞ Das Deichbrand-Festival (www.deichbrand.de) auf dem rückwärtigen Gelände des Flugplatzes hat einen festen Platz in der deutschen Musikszene bekommen.

LEUCHTTURMDENKMAL OBEREVERSAND /// AM KUTTERHAFEN 3 ///
27639 DORUM-NEUFELD/WURSTER NORDSEEKÜSTE ///
0 47 42 / 89 39 /// WWW.OBEREVERSAND.DE ///

AN DEN NEUEN PLATZ GEZOGEN

Leuchtturm Obereversand in Dorum-Neufeld

44

Dorum-Neufeld ist der belebteste Kutterhafen an der Wurster Nordseeküste. Hier hat sich ein touristisches Zentrum herausgebildet, und das ganz sicher nicht zu Unrecht. Vor allem der Leuchtturm Obereversand ist ein Besuchermagnet.

Wer die 84 Stufen der Außentreppe bis zur ersten Galerie erklommen hat, den erwartet im Inneren des Turms eine interessante Ausstellung über das Leben der Leuchtturmwärter. Von Stockwerk zu Stockwerk staunt man sich hier, vom Lagerraum über die Küche und das Dienstzimmer bis ganz oben zum Laternenraum. Letzterer bietet einen herrlichen Blick über die Wesermündung, das Land Wursten und das UNESCO-Naturerbe Wattenmeer. Sogar die beiden Mündungsarme der Weser lassen sich, bei günstiger Tide, von hier oben erkennen.

Im 19. Jahrhundert wurde der Wurster Arm zur Passage von und nach Bremerhaven benutzt. Um diese Passage sicherer zu machen, wurden die Leuchttürme Obereversand und Untereversand 1887 in der Außenweser aufgestellt. Doch bereits 1922 musste, wegen der Verlagerung von Stromrinnen und Sänden, der Fedderwarder Weserarm als Fahrrinne genutzt werden. Beide Türme wurden zwar erhalten, aber waren nicht mehr besetzt. Im Jahr 2003 wurde schließlich Obereversand nach Dorum-Neufeld geschleppt, renoviert und mit der besagten Außentreppe versehen. Seit 2004 können schwindelfreie Besucher den Leuchtturm besichtigen. Der Leuchtturm Untereversand steht indes als Nistplatz für Kormorane an seinem alten Platz.

Auf der Leuchtturm-Wiese warten Liegen und Sportgeräte auf Benutzer. Ein Piratenspielplatz für die Kids ergänzt das Angebot. Das Nationalpark-Haus finden Sie im selben Gebäude wie das Spaßbad Watt'n Bad. In beiden Einrichtungen kann der Besucher sich auf ganz unterschiedliche Weise mit dem Thema Wasser auseinandersetzen.

Leuchttürme sind im Cuxland keine Seltenheit. So zum Beispiel die Dicke Berta in Cuxhaven-Altenbruch oder der Kleine Preuße in Wremen.

BLICK AUF DEN FRIEDHOF DER ST. PETER- UND PAUL-KIRCHE, IN DER DIE ARP-SCHNITTGER-ORGEL STEHT.

ST. PETER- UND PAUL-KIRCHE /// ARP-SCHNITGER-STRASSE ///
27639 CAPPEL/WURSTER NORDSEEKÜSTE ///
0 47 41 / 14 02 (KONZERTKARTEN) ///
WWW.ARP-SCHNITGER-ORGEL-CAPPEL.DE ///

WIE EIN SPAZIERGANG IN DER SONNE

Arp-Schnitger-Orgel in Cappel

45

Wie ist der Klang einer Orgel zu beschreiben? Mir als musikalischem Laien muss es misslingen, eine solche Beschreibung zu versuchen. Vielleicht geht es mit einem Vergleich: Eines der Musikstücke erinnert mich an Spaziergänge in der Sonne. Helle, hohe Töne, zwischen die tiefe, dunkle treten. Es ist wie das Laufen durch eine Allee – rhythmisch, aber nicht regelmäßig. Mal von der Sonne beschienen, mal vom Schatten beschirmt und vom Rauschen der Blätter im Wind begleitet, führt der Weg vorwärts.

Die Kirche in Cappel brannte 1813 ab. Nach dem Wiederaufbau des Kirchengebäudes fehlte noch die ebenfalls zerstörte Orgel, um wieder Gottesdienst feiern zu können. Geld für einen Neubau gab es nicht. Da erinnerte sich der Orgelbauer Wilhelmi an die eingelagerte Orgel des Johannisklosters in Hamburg. Das Gebäude des Klosters diente den napoleonischen Truppen damals als Magazin, und die Orgel, ein wertvolles, von Arp Schnitger gebautes Instrument, wartete sträflich vernachlässigt auf ihren nächsten Einsatz. Wilhelmi kaufte die Orgel für die Gemeinde Cappel und richtete sie neu ein. Doch die Cappeler selbst waren zuerst nicht glücklich mit diesem gebrauchten Instrument. Erst als Wilhelmi einen Zimbelstern hinzufügte, waren die Gemeindemitglieder versöhnt. Noch heute wird zum Schluss des Weihnachtsgottesdienstes *O du fröhliche* gespielt. Bei diesem Lied hat der Zimbelstern seinen Einsatz und bringt eine besonders feierliche Stimmung in das Weihnachtslied.

Längst hat sich ein Freundeskreis gebildet, der für den Erhalt der Orgel sorgt. Mehrfach im Jahr gibt es Orgelkonzerte mit bekannten Organisten. Eine weitere Attraktion sind die Donnerstagskonzerte, bei denen dem Publikum einmal andere Stücke auf dem wertvollen Instrument vorgestellt werden.

☞ Cuxland ist Orgelland. Die *Orgeltage Elbe-Weser* mit ihren Konzerten, Vorträgen und Orgelreisen machen die wertvollen Orgeln der Gegend wieder einem breiten Publikum bekannt.

MIDLUMER MÜHLE /// AM MÜHLENBERG ///
27639 MIDLUM/WURSTER NORDSEEKÜSTE ///
0 47 41 / 21 07 /// WWW.MIDLUMER-MUEHLE.DE ///

EIN SYMBOL FÜR DIE FAMILIENGESCHICHTE

Windmühle in Midlum

46

Bei der Fahrt über die alte B 6 (heute L 135) von Nordholz in Richtung Bremerhaven ist die Midlumer Mühle schon aus der Ferne zu sehen. Seit 1857 grüßen ihre Flügel weit ins Land hinein. Hier wird für meine Mutter die Kindheit, die sich um und mit der Mühle abgespielt hat, wieder lebendig. Vom Mühlentyp her ist die Midlumer Mühle ein Galerieholländer. Fast 100 Jahre wurde die Mühle tatsächlich nur vom Wind angetrieben, danach erfolgte die Umstellung auf elektrischen Antrieb. 1992 lohnte selbst das Mahlen mit elektrischem Antrieb wegen der Konkurrenz durch die Industriemühlen nicht mehr. Nach dem Verkauf an die Gemeinde Midlum wurde die Mühle mit Fördergeldern grundrenoviert, und der Steert, der nicht mehr zu reparieren war, wurde 2010 ausgetauscht. Eigentlich hätte die Mühle nun wieder mit der Kraft des Windes ihrer alten Bestimmung nachkommen können. Doch längst steht sie unter Denkmalschutz und ist heute eine Attraktion für Einheimische und Touristen. Ein Mühlenverein hat die Arbeit in und um die Mühle übernommen. Viele freiwillige Helfer erklären die technischen Abläufe im Inneren. An den Backtagen stehen die Besucher für Brot, Kaffee und Butterkuchen Schlange. Im ersten Stock gibt es ein Hochzeitszimmer, und von der Galerie schweift der Blick weit über Marsch und Geest.

Wussten Sie, dass Mühlen eine eigene Sprache haben? Je nach dem Stand der Flügel kann der Kundige sehen, ob es einen Trauerfall im Dorf gab oder gerade eine kurze Mahlpause eingelegt wird.

Im Cuxland gibt es viele Windmühlen, manche sind zu besichtigen. Die Midlumer Mühle ist meine Lieblingsmühle, weil sie für die Müllertradition in der Familie meiner Mutter steht. Für viele Menschen aus dem Cuxland ist Traditionspflege eine Herzensangelegenheit.

In der Midlumer Feldmark, am Hochzeitswald, gibt es ein Kneipp-Wassertretbecken. Eine schön angelegte künstliche Quelle speist das Becken. Hier ist es das reinste Vergnügen, sich nasse Füße zu holen.

DEICHMUSEUM LAND WURSTEN /// POSTSTRASSE 16 ///
27639 DORUM/WURSTER NORDSEEKÜSTE ///
0 47 42 / 4 59 /// WWW.DEICHMUSEUM-LANDWURSTEN.DE ///

»KENN NICH DIEKEN WILL, MUT WIEKEN.«

Deichmuseum Land Wursten in Dorum

47

Ein wenig versteckt hinter der Grundschule liegt das Museumsgebäude. Es ist dem wichtigsten Thema der Marschen gewidmet: dem Deichbau. Ohne Deich keine Marsch. Für die Menschen am Meer, deren Häuser und Ländereien oft unter dem Meeresspiegel liegen, ist der Deich mehr als eine Lebensversicherung; er ist die Grundlage ihrer Existenz, und das seit Jahrhunderten. Im Deichmuseum Land Wursten wird der Deichbau im wahrsten Sinne des Wortes begreifbar gemacht. Mit Modellen, Karten und Originalwerkzeugen wird an die Knochenarbeit des Deichbaus, an die einzelnen Bauphasen und Baukonzepte erinnert. Um 800 begannen wieder Menschen, in der Marsch zu siedeln. Sie bauten ihre Häuser auf künstlich aufgeworfenen Hügeln, den Warften oder Wurten. Der Name »Land Wursten« ist von diesen Hügeln abgeleitet. Größere Siedlungen fassten diese Wurten zusammen. Es entstanden Dorfwurten, die Häuser und Besitz einer ganzen Dorfgemeinschaft schützten. Um die Felder in diesen Schutz einzubeziehen, wurden sogenannte Dorfdeiche angelegt – allerdings waren sie niedrig und konnten Sturmfluten nicht standhalten. Mit der Ankunft niederländischer Kolonisatoren in den Marschen wurden Deichbau und Entwässerung planmäßig und effektiv betrieben. Um 1100 entstanden die ersten Seedeiche, die als geschlossene Linien die Nordsee von den Marschen fernhielten. Über die Jahrhunderte wurde die geschützte Marsch zu fruchtbarem Ackerland und die Bevölkerung wohlhabend. Die Nordsee, die die Marschen durch Sedimentablagerungen geschaffen hat, bildet für die Tourismusbranche und die Fischer die Lebensgrundlage. Doch das Verhältnis zwischen Mensch und Meer bleibt ambivalent. Das Deichmuseum Land Wursten gibt mit seinen Exponaten einen Einblick in diesen wichtigen Aspekt des Lebens im Lande Wursten.

☞ Durch die Verlagerung des Weserstroms gingen die Dörfer Rintzeln und Remintzel unter. Ein Gedenkstein in Wremen-Schmarren am Weserdeich erinnert an die volkstümliche Erklärung für diese Katastrophe.

HERR-HOF /// ALTE KREISSTRASSE 4 ///
27639 MISSELWARDEN/WURSTER NORDSEEKÜSTE ///
0 47 42 / 9 26 99 70 /// WWW.ALPAKAS-VOM-HERR-HOF.DE ///

ALPAKAS AUF DEN WURSTER WEIDEN

Alpaka-Zucht Herr-Hof in Misselwarden

48

Im Cuxland ist viel Platz, um den Traum vom Leben auf dem Land und an der Küste verwirklichen zu können. Ob Sie einen Resthof für die Pferdehaltung finden wollen oder ob Sie als Segler einen günstigen Ausgangspunkt für Ihre Törns suchen. Im Cuxland sind viele Naturverbundene und Kreative zu Hause.

Dagmar und Andreas Herr aus Stuttgart sind ein Beispiel für diese Kreativität. Sie gaben ihr Planungsbüro in der Nähe von Stuttgart auf, um auf einem alten Wurster Hof Alpakas zu züchten.

Eine Besucherin empörte sich: »Alpakas sind süß. Viel zu süß, um sie zu scheren und ihnen die Wolle abzunehmen.« Wirklich, die Herde mannshoher, ein wenig kamelartig aussehender Tiere hat schon etwas Rührendes. Beine und Buckel scheinen sie unbeholfen zu machen. Und diese großen Augen mit den langen Wimpern! Doch vom ersten Kontakt mit den Neuweltkamelen, wie die Alpakas auch genannt werden, bis zur Gründung der Zucht war es für die Herrs ein langer Weg. Es galt für die Architektin und den Bauingenieur, sich Grundkenntnisse in der Aufzucht und Pflege der Alpakas anzueignen. Dann musste das Scheren gelernt werden, die Verarbeitung und natürlich die Vermarktung.

Die Herrs nutzen dazu verschiedene Strategien. Sie sind mit der Alpaka-Wolle auf Märkten zu finden und veranstalten selbst Hofbesichtigungen und Märkte. Doch die beste Vermarktungsstrategie liefern die Alpakas selbst. Ihre Wolle und ihr Vlies, das das »Vlies der Götter« genannt wird, verkaufen die Herrs vor allem als Bettdecken, Unterdecken und Kissen. Die Bettdecken sind antibakteriell und gut wärmeregulierend. Sie sollen bei allerlei Krankheiten helfen. Vor allem bieten sie guten Schlafkomfort. Ob die Herrs mit ihren Alpakas ein Vermögen verdienen können? Sicher gibt es Wichtigeres für sie.

In Padingbüttel befindet sich das Weidenzentrum e. V. Hier können Sie nicht nur das Flechten mit Weidenzweigen lernen, sondern viele andere Angebote vom Filzen bis zum Singen nutzen.

DAS NORDSEEBAD WREMEN BEHERBERGT DAS MUSEUM FÜR WATTENFISCHEREI /// WURSTER LANDSTRASSE /// 27638 WREMEN/WURSTER NORDSEEKÜSTE /// 0 47 05 / 95 00 36 /// WWW.MUSEUM-WREMEN.DE ///

»UNS LÜTT LEBEN«

Museum für Wattenfischerei in Wremen 49

Wussten Sie schon, dass nicht nur Berlin eine eigene Museumsinsel hat? Das Nordseebad Wremen steht der Bundeshauptstadt sicher in vielen Punkten nach, aber eine Insel mit zwei Museen beherbergt auch sie. Der auffälligste Teil der Museumsinsel ist der Krabbenkutter Koralle, der zur Besichtigung freigegeben ist. Bis 1991 fischten Hermann Friedhoff und sein Schwiegersohn Hanke Jatzen bei Wind und Wetter mit ihm Krabben.

Um Wattenfischerei ganz anderer Art geht es unter anderem im Krabbenfischermuseum Wremen: Da ist zum einen die Reusenfischerei auf den Watten, wie sie bis in die 50er-Jahre vielfach betrieben wurde. Um zu den schwer erreichbaren Fanggründen zu kommen, benutzten diese Fischer einen Hundeschlitten. Ebenfalls gebräuchlich war das Fischen mit dem Handnetz, das meist von den Frauen übernommen wurde. Natürlich widmet sich das Museum ebenfalls der Krabbenfischerei mit Kuttern. Wie dies alles geschah und welche Gerätschaften und Werkzeuge benutzt wurden, zeigt das Museum mit Originalen, Diaramen und Schaubildern. Besonders empfehlenswert sind die Filme, die vom Leben der Reusenfischer erzählen. Die Arbeit im Museum hat der Wremer Heimatkreis 85 e. V. übernommen. Seinen Mitgliedern und der Unterstützung der Gemeinde ist es zu verdanken, dass das Museum in einem der ältesten Gebäude Wremens untergebracht werden konnte.

Einem fröhlichen Thema hat sich das Kuriose Muschelmuseum im Nachbarhaus gewidmet. Eine Unzahl von Muscheln aus allen Weltmeeren muss gesichtet worden sein, um hier die seltsamsten und fantasieanregensten Exemplare zusammentragen zu können. Ungefähr 4.000 Mal können die Besucher über die Namen der Muscheln schmunzeln und die aus Muscheln zusammengesetzten Plastiken und Collagen bewundern.

Ganz in der Nähe der Museumsinsel können Sie in der Wurster Webstube Handgewebtes, Wolle oder Tee nach Herzenslust einkaufen.

OCHSENTURM /// LEBSTEDTER WEG /// 27607 IMSUM/GEESTLAND ///

INFORMATIONEN BEI DER /// TOURISTINFO MOORTHERME ///
BERGHORN 13 /// 27624 BAD BEDERKESA /// 0 47 45 / 9 43 35 ///
WWW.GEESTLAND.DE/ORTSCHAFTEN ///

DER TURM AM DEICH

Seezeichen Ochsenturm in Imsum

50

Dort, wo der Sporn der Stadt Geestland den Weserstrand erreicht, liegt Imsum. Bis 1954 hieß das Dorf Dingen und war Teil eines Kirchspiels, das den Namen Imsum trug. Das Kirchspiel wurde von den Dörfern Lebstedt, Weddewarden und eben Dingen gebildet. Bereits 1218 wurde die zugehörige Bartholomäus-Kirche erwähnt, die ungefähr in der Mitte zwischen den Dörfern lag. Doch die Weihnachtsflut des Jahres 1717 traf das Kirchspiel hart. Das Dorf Lebstedt versank in der Weser. Nun war nicht nur ein großer Verlust an Menschenleben zu beklagen, sondern die gemeinsame Kirche war ins sprichwörtliche Abseits geraten. Nach und nach geriet Lebstedt in Vergessenheit. Und mit den Jahren kam eine Sage über den Ort der Kirchgründung auf: Die Kirchenvorstände von Dingen und Weddewarden hätten sich nicht über den Standort für die gemeinsame Kirche einigen können. So banden sie zwei Ochsen zusammen und ließen sie laufen. Dort, wo sie sich niederlegen würden, sollte die Kirche gebaut werden. So geschah es. Doch zum Schaden der beiden Dörfer legten sich die Ochsen außerhalb der beiden Gemeinden hin. Daher der seltsame Standort und der Name des Ochsenturms. Natürlich ging die Zeit nicht spurlos an der alten Kirche vorüber. Im Jahre 1895 wurde das Gebäude schließlich wegen Baufälligkeit abgerissen. Nur der Turm blieb, als Zeichen für die Seefahrt, stehen.

Der Ochsenturm ist ein denkwürdiger Ort. Alle Gegensätze der Region sind hier vereint. In Sichtweite ragen die ersten Kräne des Bremerhavener Containerterminals in den Himmel. Trotzdem liegt der Ochsenturm so verschwiegen hinter dem Deich, dass der Weg dorthin nicht so einfach zu finden ist. Vom Turm aus ist der Blick besonders schön, wenn nach der *Sail* die auslaufenden Segler den Ochsenturm passieren.

Die *Sail* in Bremerhaven ist eines der größten Windjammertreffen Europas. Alle fünf Jahre wird Bremerhaven zum Mittelpunkt für alle, die Großsegler lieben.

VORGESCHICHTSPFAD SIEVERN /// AN DER PIPINSBURG ///
27607 SIEVERN /// 0 47 45 / 9 43 90 /// WWW.BURG-BEDERKESA.DE ///

FESTUNG ZWISCHEN STRASSE UND BACH

Pipinsburg und Vorgeschichtspfad in Sievern

51

An der L 135, kurz vor Sievern, ragt ein hoher Ringwall über seine Umgebung hinaus. Jedes Mal, wenn mich als Kind der Weg an der Pipinsburg vorbeiführte, schlug meine Fantasie Purzelbäume. Piraten oder Riesen wohnten dort, so hätte ich geschworen. Nein, Riesen gibt es zwischen den sechs Meter hohen Wällen nicht. Pipin, der Vater Karls des Großen, hat mit der Anlage nichts zu tun. Aber spannend ist ihre Geschichte doch. Erbaut wurde die Pipinsburg wahrscheinlich um 1000 nach Christus, wie Bodenfunde aus der Burg beweisen. Burgherren waren wahrscheinlich die Ritter von Bederkesa.

Zweck der Anlage war wohl die Sicherung der Kreuzung zwischen dem Alten Postweg und der Sieverner Aue. Dieser heute kleine Bach war früher schiffbar und konnte als Zugang zur Weser benutzt werden. Eine solche Stelle musste aus strategischen Gründen bewacht werden. Und so bestand die Anlage wahrscheinlich 400 Jahre lang.

Etwas hinter der Pipinsburg liegt die flachere Heidenschanze. Sie wurde circa um Christi Geburt angelegt und diente vermutlich als Stapelplatz. Die Anlage hat eine Fläche von ungefähr einem Hektar. Drei Wälle umspannen die Heidenschanze, in ihr wurden deutliche Siedlungsspuren festgestellt. Eine dritte Wallanlage, die Heidenstadt, schließt sich an. Sie könnte ein wenig älter als die Heidenschanze sein. Alte Ackerflure aus der Nähe weisen vielleicht auf eine Besiedelung hin. Ob die Bewohner der Heidenschanze sogar Handel mit den Römern trieben, konnte bisher nicht bewiesen werden.

Ganz in der Nähe finden sich die Reste eines Großsteingrabes aus dem 3. vorchristlichen Jahrtausend. Das sogenannte Bülzenbett wurde von den Menschen der Trichterbecherkultur errichtet, aber später von einer nachfolgenden Kultur, den Glockenbecherleuten, weiter benutzt.

☞ Der Alte Postweg ist in seiner ganzen Länge innerhalb des Cuxlandes als Radweg befahrbar. Vielleicht haben Sie Lust auf eine kleine Radtour.

ST. DIONYSIUSKIRCHE DEBSTEDT /// AM PFARRHAUS 1 ///
27607 DEBSTEDT/GEESTLAND /// 0 47 43 / 52 25 ///
WWW.KIRCHE-WESERMÜNDE.DE/DAS_SIND_WIR ///

JUGENDSTIL IN DEBSTEDT?

St.-Dionysiuskirche in Debstedt

52

Im Cuxland sind viele Kirchen sehenswert. So viele, dass Sie sich sicher langweilten, wenn alle in diesem Buch behandelt würden. Ähnlich wie die Kirche in Cappeln hat die Debstedter Kirche eine Brandkatastrophe getroffen. Im Jahre 1912 fiel fast das halbe Dorf den Flammen zum Opfer, und die Kirche mit ihm. Der Neuaufbau im nächsten Jahr brachte einige stilistische Änderungen. Vor dem Brand war der spätromanische Bau mit dem eingezogenen, rechteckigen Chor eine der vielen mittelalterlichen Kirchen der Gegend. Der hannöversche Architekt Alfred Sasse erhielt den Auftrag zum Wiederaufbau des Gotteshauses und baute ein paar bemerkenswerte Details ein.

Ich sah die Kirche zum ersten Mal, als mich die Recherchen für dieses Buch nach Debstedt führten. Die Geschichte des Gotteshauses hatte mich neugierig gemacht. Sie soll schon 797 direkt nach der Fränkischen Eroberung an einem alten Opfer- und Gerichtsplatz gegründet worden sein. Unter dem Altar soll sich sogar noch der alte heidnische Opferstein befinden.

Die Kirche liegt auf einer kleinen Wurt am hinteren Ende des Marktplatzes. Mauern und Feldsteine umgeben die Wurt; grünende Bäume verleihen dem Platz Frische und Lebendigkeit. Über ein Tor betrat ich den Friedhof und ging auf die Kirche zu. Da waren die Kapitelle am Kirchgiebel, die mich an alt-mexikanische Kunst erinnerten. Und natürlich über der Eingangstür zur Kirche ein Mosaik mit Jesus als Weltenherrscher. Gerne blieb ich einen Moment stehen, um von Jesu Segen, der mir durch das Mosaik angeboten wurde, etwas abzubekommen. In der Kirche ist viel von der mittelalterlichen Ausstattung erhalten geblieben. Doch die Strenge, die manche evangelische Kirche ausstrahlt, ist hier gemildert. Die St.-Dionysiuskirche ist ein Platz zum Wohlfühlen.

Nah an der Kirche hat der Heimat- und Museumsverein Debstedt e. V. ein Fachwerkhaus in ein Heimatmuseum umgewandelt. Die zahlreichen Aktivitäten des Heimatvereins ziehen viele Besucher aus dem Umland an.

KLOSTER NEUENWALDE /// BEDERKESAER STRASSE 19 ///
27607 NEUENWALDE/GEESTLAND /// 0 47 07 / 93 01 11 ///
WWW.KLOSTER-NEUENWALDE.DE ///

BEI DEN KONVENTUALINNEN

Kloster Neuenwalde in Neuenwalde

53

Tatsächlich, es gibt ein Kloster im Cuxland. Allerdings gibt es keine Nonnen, sondern Konventualinnen, weil es sich um ein evangelisches Damenstift handelt. In das Licht der Geschichte trat das Kloster 1219. Damals wurde es im benachbarten Midlum gegründet. Es war über die Jahrhunderte eine Möglichkeit, »adelige Jungfrauen« aus der Gegend zu versorgen. 1283 zog das Kloster nach Wolde in die Nähe der Heilig-Kreuz-Kapelle um. Wolde war zu jener Zeit ein Pilgerort, weil es in der besagten Kapelle einen Splitter vom Kreuz Jesu Christi zu sehen gab. Doch die Nonnen fühlten sich in Wolde, wahrscheinlich wegen des Wassermangels und den schwierigen Wurster Nachbarn, nicht wohl. Nach weiteren ungefähr 50 Jahren zog das Kloster an den wasserreichen Bach Westerwedel, und dort an einen Ort, der ebenfalls Wolde hieß. Um den alten vom neuen Standort unterscheiden zu können, wurde der Pilgerort Wolde nun Altenwalde genannt. Der neue Standort folgerichtig Neuenwalde.

Mit der Reformation brachen unruhige Zeiten an. Nach dem Tod der letzten katholischen Priorin wurde das Kloster 1571 evangelisch. Aus den Nonnen wurden Konventualinnen. Doch im Dreißigjährigen Krieg mussten sie das Kloster verlassen, da vorübergehend Jesuiten eingezogen waren. Die religiöse Toleranz hatte sich noch lange nicht durchgesetzt. Bis 1831 war das Kloster die Grundherrschaft für viele der umliegenden Geestdörfer. Das bedeutete vor allem, dass allerlei Abgaben in Naturalien und Geld an das Kloster zu liefern waren.

Heute haben die ehrwürdigen Mauern des Klosters Neuenwalde eine neue Bestimmung gefunden. Ein Großteil der Gebäude wird von dem Evangelischen Bildungszentrum Bad Bederkesa genutzt. Dort finden jetzt Kurse mit christlichen, aber auch weltlichen Themen, wie etwa Achtsamkeit, statt.

☞ Wenn Sie mehr über die Vergangenheit Altenwaldes als Handelsort, Taufstätte und Klostersitz wissen wollen, sind Sie auf dem Geschichtspfad an der Verwaltungsstelle richtig.

GIBT NOCH EINE AHNUNG VON DER UNGESTÖRTEN NATUR DER MOORSEEN: DER DAHLEMER SEE. FOLGEN SIE VON AHLEN-FALKENBERG AUS DER SEESTRASSE – EINE KLEINE ALLEE FÜHRT SIE DIE LETZTEN METER ZUM DAHLEMER SEE.

CUXLANDBIENE /// AHLENSTRASSE 16 ///
21779 AHLEN-FALKENBERG/WANNA /// 0 47 57 / 81 85 35 ///
WWW.CUXLANDBIENE.ALFAHOSTING.ORG ///

MOORKOLONIE AN DER SEENPLATTE

Moorkolonie Ahlen-Falkenberg

54

Erst im 17. Jahrhundert bauten die Menschen aus der Umgebung Torf als Brennstoff für den Eigenbedarf im Ahlenmoor ab. Allerdings nur an den Rändern und nur so viel, dass der Bestand des Moores nicht gefährdet wurde. Bis zum Beginn des Ersten Weltkrieges war das Ahlenmoor eine ungefähr 40 Quadratkilometer große, wüste Fläche. Manche renaturierten Flächen sehen heute wieder so aus.

Ahlen-Falkenberg ist ein junges Dorf. Seine Entstehung hat es der Entwässerung des Ahlenmoores seit 1915 zu verdanken. Dabei wurden russische Kriegsgefangene eingesetzt, die bei schmaler Kost die harte Arbeit verrichten mussten. Nur wenig besser ging es den Bauern, die sich zur Besiedlung des Moores entschlossen hatten. Die Arbeiten zogen sich bis in die 70er-Jahre hin. Statt der Kriegsgefangenen kamen nun Strafgefangene zum Schuften ins Moor, und nach und nach entstand Weideland dort, wo einst das Moor war. Bauern, die oft aus dem Osten geflüchtet oder vertrieben worden waren, siedelten sich an, und schließlich entstand ein neues Dorf, wo einst das Moor am wildesten war.

Wenn Sie in Ahlen-Falkenberg die Seestraße entlanggehen und die letzten 100 Meter der kleinen Allee folgen, kommen Sie zum Dahlemer See. Zusammen mit dem Halemer See gibt es hier eine 190 Hektar große, flache Wasserfläche. Schlagen Sie sich durch das Gebüsch, immer den Fußpfad entlang zum Seeufer. Dort steht der Beobachtungsturm. Hier, mitten im Naturschutzgebiet, können Sie noch eine Ahnung von der ungestörten Natur der Moorseen bekommen. Vielleicht fällt Ihnen sogar die Besonderheit des Dahlemer Sees auf: Der See wandert. Durch die vorherrschenden Westwinde wird das östliche Ufer ausgehöhlt und bricht ein. Im Westen verlandet die Wasserfläche. So verschiebt sich der See immer mehr nach Osten.

In der ehemaligen Gastwirtschaft Ahlen-Falkenbergs hat die Imkerei Cuxlandbiene ihren Standort. Hier gibt es nicht nur Kaffee und Kuchen, sondern vor allem Honig, Kräuter und Tees.

MOORIZ /// AM HOHEN KOPF 3 /// 21776 AHLEN-FALKENBERG/WANNA /// 0 47 57 / 8 18 95 58 /// WWW.AHLENMOOR.DE ///

IM REICHE DES MOORES

MoorinformationsZentrum in Ahlen-Falkenberg 55

Gibt es irgendetwas, was Sie über das Moor wissen wollen? Im MoorIZ bekommen Sie die Antwort. Wenn Sie zwischen Wanna und Flögeln unterwegs sind, ist das MoorIZ kaum zu verfehlen. Das große, graue Gebäude des MoorIZ war bis 2002 ein Torfwerk. Inzwischen zum Ausstellungsgebäude umgebaut, ist es Bahnhof, Ausstellungsfläche und Forschungszentrum zum Thema Ahlenmoor.

Viele Besucher fahren zuerst mit der Moorbahn. Sie ist die alte Betriebsbahn des Torfwerkes. Die Originallokomotiven aus den Jahren 1957 und 1962 treiben die überdachten Wagons für die Passagiere an. Im weiten Bogen führt der Schienenstrang mehr als fünf Kilometer hinaus ins Moor. Während der gut zweistündigen Fahrt sind kultivierte und wiedervernässte Flächen zu sehen und die natürliche Tier- und Pflanzenwelt des Moores zu entdecken.

Wer die Fahrt mit der Moorbahn scheut oder das im Moor Gesehene noch vertiefen will, findet im Ausstellungsgebäude dazu Gelegenheit. Erschrecken Sie nicht, wenn Sie plötzlich unter Ihren Füßen etwas Weich-Feuchtes spüren. Sie sinken nicht ein, aber machen die Erfahrung, wie sich Moorboden unter den Schuhen anfühlt. Durch diese und andere Mitmachstationen wird ein Museumsbesuch für alle Sinne geboten. Das Ökosystem Moor, seine Nutzung durch den Menschen und die Frage, warum das Moor so wichtig für uns ist, stehen im Mittelpunkt der Ausstellung.

Wer die Landschaft des Ahlenmoors zu Fuß erkunden will, ist auf den vier Erlebniswegen richtig. Der Seerundweg führt Sie 17 Kilometer um den Dahlemer und Halemer See. Kürzer ist der Weg vom Moorerlebnispfad zum Halemer See. Schließlich können Sie auf dem Walderlebnispfad den Forst Großer Ahlen erforschen. Infotafeln und Mitmachangebote sorgen dafür, dass Ihnen der Weg nicht langweilig wird.

Im Ausstellungsgebäude können Sie sich nach dem Spaziergang oder der Moorbahnfahrt stärken. Das Restaurant Torfwerk bietet dafür heimische Küche und leckere Torten.

HIER, AM FLÖGELNER SEE, LIEGT AUCH DAS JAN-CHRISTOPHER-HUS AM FLÖGELNER SEE /// FLÖGELINGER STRASSE 40 /// 27624 FLÖGELN/GEESTLAND /// 0 47 45 / 76 72 /// WWW.FLOEGELN.DE ///

MOORSEEN IM PAKET

Flögelner See in Flögeln

56

Auf einer Bank sitzen, mit Blick auf den See. Und jemanden, den man liebt, dabei in den Arm nehmen. Können Sie sich etwas Schöneres vorstellen? Die ideale Bank dafür finden Sie hinter der Gaststätte Bensen am Flögelner See. Der Flögelner See gehört zur Vierseenplatte, die aus dem Dahlemer, Halemer, Flögelner und Bederkesaer See besteht. Während Dahlemer und Halemer See bereits seit Jahrzehnten unter Naturschutz stehen, locken die beiden anderen Seen durch die Möglichkeit zum Wassersport. Dabei tut sich vor allem der Flögelner See hervor. Mit seinen 155 Hektar Wasserfläche ist er ein bevorzugtes Revier für Angler, Surfer und sogar Segler. Die beiden Stege bei Bensen und gegenüber am Campingplatz bieten dazu gute Anlegemöglichkeiten.

Flögeln ist ein altes Dorf. Die Menschen lebten von Landwirtschaft und Fischfang. Heute findet man am Ufer noch ab und zu Fischernetze, die zum Trocknen aufgehängt sind. Über die frühe Besiedlung Flögelns kann man sich gut in der Burg Bederkesa informieren. Die erste Erwähnung des Ortes gab es bereits 1204. Um diese Zeit muss es schon die Dornburg gegeben haben. Bereits um 1100 ließen die Ritter von Flögeln am Seeufer eine Art Insel aufschütten. Dort entstand dann ihre Turmhügelburg, die allerdings bereits um 1500 wieder verlassen war. Heute ragt dort, wo die Dornburg war, nur noch eine Halbinsel mit einer Hütte darauf in den See. Für romantische und fantasiebegabte Besucher ist die Halbinsel ein Grund mehr, die Ruhebank am Seeufer aufzusuchen.

Auf dem Moorerlebnispfad, zu finden an der Straße *Hinter dem See*, können Sie an 14 Stationen Informationen zur Moorentstehung, zu Pflanzen und Tieren im Moor und zur Ökologie des Moores finden. Oder träumen Sie noch ein Weilchen auf der Bank von der Dornburg.

☞ Das Heimathaus Jan-Christopher-Hus mit seinen vielseitigen Ausstellungsstücken gibt einen Eindruck vom Leben am und mit dem Flögelner See.

RITTERGUT VALENBROOK /// GUT VALENBROOK 1 ///
27624 FICKMÜHLEN/GEESTLAND ///
0 47 45 / 7 82 03 46 /// WWW.VALENBROOK.DE ///

LEBEN WIE GOTT IN FRANKREICH

Rittergut Valenbrook in Fickmühlen

57

Wie lange das Rittergut Valenbrook besteht, ist heute nicht mehr bekannt. Doch die Tatsache, dass es über die Jahrhunderte der Familie von der Lieth gehörte, spricht für ein hohes Alter des Gutes. Die Familie von der Lieth darf sich zum alteingesessenen Adel der Cuxländer Geest zählen. Sie waren nicht nur Knappen des Bremer Erzbischofs, sondern gehörten zu seinem Kabinett. Der letzte Lehnsberechtigte von der Lieth gab das Gut mit seinem Tod im Jahre 1774 auf. Nach einem Zwischenspiel als Eigentum des hannöverschen Königs erwarb der Bremer Kaufmann Lambert Leisewitz das Gut und ließ im Jahre 1905 das Herrenhaus und die Wirtschaftsgebäude erbauen.

Die Familie Leisewitz bewirtschaftet das Gut immer noch. Allerdings nicht mehr, wie zu Lambert Leisewitz' Zeiten, als landwirtschaftlichen Mischbetrieb. Inzwischen hat sich die Zucht von Salers-Rindern und die Vermarktung als Valenbrooker Bio-Rindfleisch im Gutsladen als erfolgreiches Projekt erwiesen. Neben dem Fleisch gibt es in der hauseigenen *Delicatessen-Manufaktur* hergestellte Chutneys, Konfitüren und Saucen. Hervorragend schmeckt der Kaffee gleich am alten Pferdestall. Leider sind Gutsladen und Café nicht an jedem Tag geöffnet. Bitte informieren Sie sich vor einem Besuch im Internet.

Seit 2005 führt die Familie in den Nebengebäuden des Gutes einen Fünf-Sterne-Hotelbetrieb. Die Suiten und Doppelzimmer sind im Landhausstil eingerichtet und bieten den neuesten Komfort. Räume für Tagungen und Seminare, aber auch für Familienfeiern sind inzwischen ausgebaut worden.

Durch die erhöhte Lage des Rittergutes über einem Bachtal geht der Blick weit ins Umland. Der schöne Gutspark mit seinen geheimnisvollen Wegen und die Nähe des Flögelner und Bederkesaer Sees haben das Gut zu einem attraktiven Ausflugsziel gemacht.

☞ Der Vorgeschichtspfad Flögeln liegt ein kurzes Stück vom Gut entfernt in Richtung Flögeln. Auf drei Kilometern Strecke sind dort zwei Großsteingräber und eine Steinkiste zu besichtigen.

MUSEUM BURG BEDERKESA /// AMTSSTRASSE 17 ///
27624 BAD BEDERKESA/GEESTLAND ///
0 47 45 / 73 02 /// WWW.BURG-BEDERKESA.DE ///

ENDLICH EINE RICHTIGE BURG

Burg in Bad Bederkesa

58

Kugelrund und gar nicht kriegerisch sieht der Roland auf dem Hof der Bederkesaer Burg aus. Viel wichtiger als sein Aussehen ist seine Symbolkraft. »Hier hat die Stadt Bremen das Sagen«, scheint er über seinen Bauch hinweg zu sagen.

Die Ritter von Bederkesa, Dienstmannen des Erzbischofs von Bremen, erbauten die ursprünglich hölzerne Burganlage im 12. Jahrhundert. Einige Zeit nach dem Aussterben der Ritter eignete sich die Stadt Bremen Burg und Umgebung an. Ab 1460 wurden erste Steingebäude errichtet und über die Jahre verbunden. Unser Freund, der Roland, erhielt 1602 seinen Platz auf dem Burghof. Nach gut 70 Jahre langer schwedischer Herrschaft fielen Burg und Gegend an Hannover, später dann an Preußen. Erneute Umbauten veränderten die Burg. 1881 wurde sie schließlich an Privatleute verkauft. Die Burg wurde Ausflugslokal und musste durch die Zeiten immer neue Nutzungen erdulden. Anfang der 70er-Jahre war sie zur Ruine verkommen. Der Landkreis Wesermünde kaufte die Ruine, um einen endgültigen Abriss zu verhindern. Der neu entstandene Landkreis Cuxhaven ließ die Ruine grundinstand setzen und bereits abgerissene Teile wiederherstellen.

Heute beherbergt die Burg Bederkesa die archäologischen Ausstellungen des Landkreises Cuxhaven. Neben Exponaten zur Burggeschichte und zum Naturraum des Elbe-Weser-Dreiecks fanden vor allem die Grabungen in der Wurster Marsch Aufmerksamkeit. Die Erforschung der Siedlung Feddersen Wierde und des Gräberfeldes Fallward werden anschaulich beschrieben und geben einen guten Eindruck vom Leben der Marschenbewohner vor 1.900 Jahren. Die Forschungen in der Siedlungskammer Flögeln beziehen die Geest in die wissenschaftliche Arbeit ausführlich mit ein. Nur wenige Hundert Meter von der Burg entfernt liegt der Bederkesaer See.

Eine Wanderung am Seeufer entlang dauert ungefähr zwei Stunden. Wunderschöne Blicke über die Wasserfläche entschädigen die Wanderer für ihre Mühe.

ROMANTIK HOTEL BÖSEHOF /// HAUPTMANN-BÖSE-STRASSE 19 ///
27624 BAD BEDERKESA/GEESTLAND /// 0 47 45 / 94 80 ///
WWW.BOESEHOF.DE ///

AUF DEN SPUREN DER AUFSTÄNDISCHEN

Hotel Bösehof in Bad Bederkesa 59

Der Bösehof ist sicher eines der gediegensten Hotels im Cuxland. Durch seine Lage auf einer Kuppe unweit des Ortszentrums hebt er sich von den anderen Häusern des Bades Bederkesa ab. Vor allem die schön gestalteten Außenanlagen sind ein Blickfang. Dort fließt ein Bach durch einen Teich und sorgt mit seinem sanften Geplätscher für erholsame Stimmung. Vom Kaffeegarten aus ist der Bederkesaer See zu sehen. Für den Gaumenschmaus zuständig ist Böses Restaurant, in dem die regionale und saisonale Landhaus-Küche präsentiert wird. Vor dem brennenden Kamin der Bauernstube zu speisen, ist in der kalten Jahreszeit ein besonderes Vergnügen. Der Friesensaal erinnert mit seinem historischen Ambiente an den Hauptmann Böse.

Doch wer war dieser Hauptmann Böse eigentlich? Heinrich Böse wurde 1783 als Sohn eines Bremer Zuckerfabrikanten geboren. Seit 1811 gehörte Bremen direkt zum Frankreich Napoleons. Böse konnte seine guten Beziehungen zum französischen Stadtpräfekten zum Sammeln von Informationen nutzen. Mit der Niederlage Napoleons in Russland flackerten in den Elbmarschen Aufstände gegen die französische Besatzung auf. Böse gründete mit eigenen finanziellen Mitteln das Freiwillige Bremische Jäger-Korps, das sich in den folgenden Monaten an den Befreiungskriegen beteiligte. Seit 1826 lebte Böse in seinem neu erbauten Haus am Brunnenholz in Bederkesa. Er wurde Abgeordneter des ersten Deutschen Parlaments in der Frankfurter Paulskirche. Im Sietland hat er sich als Unterstützer der Armen und geistiger Vater des Hadler Kanals einen Namen gemacht. Hauptmann Böse kehrte 1857 nach Bremen zurück, wo er zehn Jahre später, hochgeehrt, starb. In den von Böse verkauften Gebäuden entstand zunächst ein Ausflugslokal und später das heutige Romantik Hotel Bösehof.

Besuchen Sie die Moortherme am Bederkesaer See. Eine Wellnessoase mit Badelandschaft und Saunaland. Natürlich gibt es dort die heilkräftigen Bederkesaer Moorpackungen.

MUSEUMSBAHN /// BAHNHOFSTRASSE 18 ///
27624 BAD BEDERKESA/GEESTLAND /// 0 47 45 / 71 69 ///
WWW.MUSEUMSBAHN-BREMERHAVEN-BEDERKESA.DE ///

EISENBAHNROMANTIK DER 50ER-JAHRE

Museumsbahn Bremerhaven–Bad Bederkesa 60

Ein Besuch der Museumsbahn gleicht einer Zeitreise. Direkt beim Parkplatz ist das Symbol der Museumsbahn zu sehen: ein geflügeltes Eisenbahnrad. Am Bahnhofsgebäude, das übrigens seit 1896 in Gebrauch ist, findet sich das Schild »Bederkesa«. Erst 100 Jahre nach der Eröffnung des Bahnhofs ist Bederkesa ein Moorheilbad geworden. Auf dem Schreibtisch unter dem Fenster stapeln sich die Papiere – hier hat noch kein Computer Einzug gehalten. Wir gehen um das Rotsteingebäude herum, auf die Schienen zu. Eine Menge Leute warten schon auf die Ankunft des Zuges: Spaziergänger, Neugierige und ein Begrüßungskomitee für Walter, der offensichtlich seinen 70. Geburtstag feiert. Im Schatten des Bahnhofsgebäudes sitzt eine Gruppe Wanderer, die sich bei Bier und Bratkartoffeln sehr wohlfühlen. Ein Blick in die Bahnhofsgaststätte zeigt karierte Tischdecken, Holzmobiliar und einen schön getischlerten Tresen; tatsächlich scheint hier alles über 60 Jahre alt zu sein. Ein Pfeifsignal kündigt den Zug an, der überraschend schnell und ziemlich laut den Bahnhof erreicht. Die blitzend rote Lok zieht dunkelgrüne Personenwagen hinter sich her, die Passagiere darin winken den Leuten auf dem Bahnsteig zu. Fröhlich wirkt das alles und wie ein lebendig gewordener Jungenstraum.

Hinter den Kulissen arbeitet ein Verein mit seinen 250 Mitgliedern hart dafür, dass die Museumseisenbahn in Betrieb bleibt. Nach der Stilllegung der Strecke gründete sich der Verein Museumsbahn Bremerhaven–Bederkesa e. V., um die Museumseisenbahn zu betreiben und die Eisenbahngeschichte Norddeutschlands zu dokumentieren. Die Vereinsmitglieder haben sogar das Bahnhofsgebäude renoviert, um dort die Gaststätte im Stil der 50er-Jahre zu etablieren. So viel Einsatz und Liebe zum Detail ist einen Besuch wert.

Noch mehr 50er-Jahre-Flair gefällig? In der Militärkirche der ehemaligen amerikanischen Kaserne in Bremerhaven ist diesem Jahrzehnt ein ganzes Museum (museum-der-50er-jahre.de) gewidmet.

WASSERMÜHLE /// HAINMÜHLEN 2 ///
27624 HAINMÜHLEN/GEESTLAND /// 0 47 08 / 6 25 ///
WWW.GEESTLAND.EU/FREIZEIT&TOURISMUS ///

FÜR EINEN EURO MÜHLENERLEBNIS

Wassermühle in Hainmühlen

61

Der kleine Ort Hainmühlen hat eine große Wassermühlentradition. Schon im Jahr 1400 wurde dort eine Wassermühle erwähnt, und die Bauern aus sieben Nachbardörfern waren verpflichtet, in Hainmühlen ihr Getreide mahlen zu lassen. So nimmt es nicht wunder, dass die Mühle über die Jahrhunderte immer wieder erneuert wurde. Das Mühlengebäude, wie es heute zu sehen ist, wurde im Jahre 1829 gebaut. Seit 1850 gab es den Mahlzwang nicht mehr, und die Mühle musste sich mit der Konkurrenz messen lassen. Ungefähr 100 Jahre später lief die Mühle nur noch mit einem Dieselmotor. Die Nutzung der Wasserkraft im Allgemeinen war unmodern geworden, und zahlreiche Flussbegradigungen entzogen den Wassermühlen ihre Antriebskraft. In den 70er-Jahren des letzten Jahrhunderts wurde die Mühle endgültig stillgelegt und drohte zu verfallen. Doch es fanden sich Privatleute, die die Mühle als Symbol ihrer Ortschaft oder als Erinnerung an das Müllerhandwerk erhalten wollten. So blieb die Mühle vom Verfall verschont.

Im Cuxland gibt es noch fünf Wassermühlen. Allerdings sind nur noch zwei davon, die von Hainmühlen und Beverstedt-Deelböge, regelmäßig an den Sommerwochenenden für Besucher geöffnet. Dort kann die Technik der Mühlen besichtigt werden, und oft bieten die Heimatvereine ein buntes Programm zur Unterhaltung und Stärkung der Besucher an. In Hainmühlen können Besucher das Mühlrad in Gang setzen, indem sie einen Euro in den Automaten werfen.

Im Dorf Ringstedt, das nur wenige Kilometer von Hainmühlen entfernt liegt, hat sich eine kuriose Sage erhalten. Hier soll einst ein Römerlager gestanden haben, das die Einheimischen nach blutigem Kampf angeblich vernichtet und die Feinde vertrieben haben. Ringstedt soll seinen Namen von diesem großen »Ringen« bekommen haben.

☞ Passionierten Golfern bietet der preisgekrönte Golfplatz Gut Hainmühlen auf einem 71 Hektar großen Gelände die Möglichkeit, ihr Handicap zu verbessern.

KREATIVWERKSTATT MILCHSTELLE /// INNE GRÜPP 1 ///
21769 LAMSTEDT /// 0 41 44 / 2 33 96 36 /// WWW.MILCHSTELLE.DE ///

BEI DEN METALLKÜNSTLERN

Kreativwerkstatt Milchstelle in Lamstedt 62

»Keine Angst, das ist Rudi. Die tut nichts …« Als Radler finde ich diesen Spruch nicht unbedingt vertrauenerweckend. Doch als die schwarze Hündin sich kuschelnd gegen meine Knie drückt, bleibt mir nichts anderes übrig, als sie zu mögen. An einem kalten Herbsttag hat mich der Weg ins Lamstedter Gewerbegebiet geführt. Wer sind diese Leute, die künstlerische Schweißkurse anbieten?

»Nein«, erklärt mir das Frauchen von Rudi, »ich bin nicht die Schweißerin. Ute, die Chefin ist gerade unterwegs. Und ich selbst weiß nicht, wie die ganze Sache ins Rollen gekommen ist. Wahrscheinlich hat Utes Mann Volker die Werkstatt eher für sich als für Ute eingerichtet. Ute hat dann Gefallen an der Arbeit mit Metall und Holz gefunden. Im Laufe der Jahre ist die Idee geboren worden, Kurse für Einheimische und Urlauber anzubieten.« Auf der Website lese ich später nach, dass Ute sich beruflich neu orientieren wollte. Sicher ein weiterer Grund.

Staunend schlendere ich durch die Ausstellungshalle. Nein, diese Stücke sind nicht jedermanns Geschmack. Aber die Ideen verraten Fantasie und Witz. Ungewöhnliche Pergolen aus Metallmatten, Kunstwerke aus Blechen und immer wieder die Kombination von Holz und Metall. Ob nun in Liegen, Tischen oder Stühlen. Dazu jede Menge blitzende Motorräder. »Ich habe Ute und Volker beim Hamburger Stadtpark Revival kennengelernt. Die beiden sind mit ihrem Gespann beim Rennen mitgefahren.«

Nein, kein Kaffee. Es wird Zeit, in Richtung Bahnhof zu fahren. Noch zehn Kilometer mit dem Rad. Die Dunkelheit kommt im November schon ziemlich schnell. Zum Abschied zeigt mir das Frauchen von Rudi ihre Kunstwerke. Es sind Fotos auf Metall, die sich durch die Lebendigkeit und Ausdrucksstärke der Motive auszeichnen. Von Anja Tobien, so heißt nämlich Rudis Frauchen.

☞ In Lamstedt gibt es im Bördehuus in der Ortsmitte das Norddeutsche Radiomuseum mit zahlreichen ausgestellten Exponaten zur Rundfunkgeschichte.

STEINGARTEN LAMSTEDT /// KREISSTRASSE 29 /// 21769 LAMSTEDT ///
AUSKÜNFTE BEI DER SAMTGEMEINDE BÖRDE LAMSTEDT ///
SCHÜTZENSTRASSE 20 /// 21769 LAMSTEDT /// 0 47 73 / 89 90 ///
WWW.BOERDE-LAMSTEDT.DE ///

SPAZIERGANG DURCH DIE JAHRTAUSENDE

Freilichtausstellung Steingarten in Lamstedt

63

Lamstedt liegt ein Stück entfernt von den Verkehrsadern des Cuxlandes. Der Ort hat ungefähr 3.500 Einwohner, verteilt auf sechs Ortsteile. In den Blickpunkt des Tourismus ist Lamstedt nie gelangt, obwohl die Landschaft für das Cuxland ungewöhnlich ist. Der Höhenzug Westerberg mit seinen großen Mischwäldern und den Hünengräbern allein wäre schon den Weg aus Stade oder Cuxhaven wert. Ungefähr zwei Kilometer außerhalb des Ortes, in Richtung Wingst, liegt der Steingarten Lamstedt. Mitten in einer schönen Heidelandschaft sind mehr als 100 Findlinge aufgestellt worden. Findlinge, das sind sehr große Steine, die mit den Gletschern der Eiszeit in den norddeutschen Raum geschoben wurden. Meist sind die Findlinge in Skandinavien entstanden. Nach Ende der Eiszeit blieben sie dann in unserer Gegend liegen. Im Lamstedter Steingarten können die Besucher sich über die Entstehung, Zusammensetzung und Verbreitung dieser Zeugen der Eiszeit informieren. Größe und Beschaffenheit der Findlinge verwundern die Besucher immer wieder.

Lamstedt hat im Ortszentrum noch mehr zu bieten. Das Bördehuus Loomst ist zu einem Kultur- und Festzentrum für das Dorf geworden. Es stand früher im Nachbarort Nindorf, wurde dort abgetragen und rechtzeitig zur Einweihung des Landschaftsparks fertiggestellt. Mit seiner Teichanlage, dem Wassertretbecken und dem Weg der Sinne ist eine Erholungszone mitten im Dorf entstanden.

Das Bördemuseum an der Kreuzung nach Bad Bederkesa zeigt vor allem die alten Trachten der Geestbauern. Und es war nicht nur *eine* Tracht, die hier in der Börde typisch war. Je nach Anlass und Geldbeutel wählten die Bäuerinnen aus vier Trachten. Im Bördemuseum befinden sich die musealen Werkstätten eines Schmiedes, eines Holzschuhmachers und eines Schneiders.

In Lamstedt-Nindorf ist ein Verein dabei, eine aufgegebene Flugabwehrraketenstellung am Bullenbarg zu renaturieren. Die Aussicht vom Bullenbarg lohnt den kurzen Umweg.

PRAHMFÄHRE BEIM GASTHAUS ZUM OSTEBLICK ///
ZUM HAFEN 21 /// 21727 GRÄPEL/ESTORF ///
0 41 40 / 8 77 40 /// WWW.PLATES-OSTEBLICK.DE ///

ÜBER DEN FLUSS GEZOGEN WERDEN

Prahmfähre in Gräpel

64

Es gibt viele Wege, einen Fluss zu überqueren. Sie können sich sogar von einem Fährmann über das Wasser ziehen lassen. Das Boot, das dafür benutzt wird, ist allerdings kein wirkliches Boot. Dieser Schiffstyp wird Prahm genannt. Prahme sind große, länglich viereckige Holzplattformen ohne Kiel und Laderaum. Meist werden sie für Transportzwecke eingesetzt, zum Beispiel als Plattform für einen Bagger bei Vertiefungsarbeiten auf einem Fluss. Die Fähre in Gräpel ist so eine Prahm.

Nur ein kleiner Weg führt von Ostendorf aus zur Fähre. Wenn Sie am Ostendorfer Ufer warten müssen, haben Sie einen schönen Blick auf den ehemaligen Stackbuschhafen Gräpel. Bis Mitte des 20. Jahrhunderts wurde hier Busch für die Uferbefestigung der Elbe verhandelt und verladen. Es gab sogar eine kleine Werft. Am Osterndorfer Ufer können Sie eine Glocke schlagen, damit der Fährmann sie hört. Der Ruf »Ein Fährmann, hol över« ist genauso gut. Meist befördert die Fähre Fahrräder und Wanderer, ab und zu ist schon mal ein Auto dabei. Die Prahmfähre an sich gleitet fast geräuschlos übers Wasser. Beim Ablegen zieht der Fährmann an einer fest im Boden verankerten Kette. Die Anstrengung des ersten Ziehens ist dem Fährmann anzusehen. Bald lässt er die Kette los, und mit dem noch vorhandenen Schwung bleibt die Fähre in Fahrt. Die Kette klirrt durch die Aufhängung, bis der Fährmann wieder zugreift. Die 25 Meter Flussbreite sind in einer guten Viertelstunde überwunden. Hier ist richtig, wer Zeit hat.

In Gräpel ist die Fähre noch ein Familienbetrieb. Sie gehört seit ungefähr 100 Jahren der Familie Plate, die auf der Gräpeler Seite der Oste die Gastwirtschaft Zum Osteblick führt. Nach Ende der Fährfahrt sollten Sie sich noch ein bisschen im schönen Biergarten ausruhen.

☞ Die Fähre Gräpel liegt am Oste-Radweg und am Deutschen Fährstraße-Radweg. Die Gegend eignet sich sehr gut für Fahrradnachmittage oder für Radurlaube.

VÖRDER SEE /// HUDDELBERG /// 27432 BREMERVÖRDE ///

NÄHERE INFORMATIONEN BEI DER TOURIST-INFORMATION ///
RATHAUSMARKT 1 /// 27432 BREMERVÖRDE ///
0 47 61 / 98 71 42 /// WWW.BREMERVOERDE.DE ///

AUF HALBER STRECKE

Vörder See in Bremervörde

65

Jeweils gut 50 Kilometer entfernt von den Hansestädten Bremen und Hamburg liegt Bremervörde. Die kleine Stadt an der Oste hat eine lange Geschichte. Um das Jahr 1100 entstand auf den Ostewiesen eine Wasserburg, die den Weg zwischen den Hansestädten sichern sollte. Um diese Burg herum entstand ein Dorf, das den Namen *Vörde* mit der Wasserburg teilte. Die Erzbischöfe von Bremen bauten die Anlage weiter aus, und die Burg Vörde war die größte Festungsanlage der Gegend. In den Kriegen des 17. Jahrhunderts wurde die Festung (und der Ort) dreimal belagert. Die neuen schwedischen Landesherren entschlossen sich, ihre neu eroberte Provinz von Stade aus zu verwalten. Das führte zur Aufgabe und Schleifung der Burg Vörde im Jahr 1682. Von dem Gebäudekomplex blieb nur noch das Kanzleigebäude, in dem heute das Bachmann-Museum seinen Platz hat. Hier findet ein spannender Teil des kulturellen Lebens von Bremervörde statt. Vom Kunsthandwerkermarkt bis zum Steinzeitlager wird dort allerhand geboten.

Gern gehen Erika und ich sonntagmittags entlang der wunderschönen Allee parallel zur Oste in Richtung Vörder See. Der See wurde in den 70er-Jahren planmäßig ausgebaggert und sollte eine Attraktion für Bevölkerung und Gäste werden. Dieser Plan ist voll aufgegangen. Wenn das Wetter es zulässt, sind Segler, Tretbootfahrer und sogar Surfer auf dem See zu sehen.

Auf dem Rundweg können Sie in einer Stunde von Sehenswürdigkeit zu Sehenswürdigkeit schlendern. Zum Beispiel den Rosengarten betrachten oder im Apotheker- und Bauerngarten die Kräuter begutachten. Spielplätze, Minigolf und eine Wassertretanlage sind am Seeufer zu finden. Ein Stück weiter lädt das Haus des Waldes ein, mehr über das Ökosystem Wald zu erfahren.

Mein Tipp für Bremervörde ist das *Haus am See*. Gerade im Winter, wenn der Kamin im Haupthaus der alten Hofanlage brennt, schmeckt hier Deftiges und Feines besonders gut.

GESUNDHEITSPARK SPECKENBÜTTEL ///
PARKSTRASSE/WURSTER STRASSE /// 27580 BREMERHAVEN ///
04 71 / 5 90 21 46 /// WWW.BREMERHAVEN.DE ///

GESUNDHEITSOASE PARK

Gesundheitspark Speckenbüttel in Bremerhaven

66

Den meisten Menschen fällt sofort der Bürgerpark am Hauptbahnhof ein, wenn sie an Parkanlagen in Bremerhaven denken. Vielseitiger jedoch ist der Speckenbütteler Park ganz im Norden des Stadtgebietes. Ursprünglich war das Gelände ein Wald, in den das Vieh zur Futtersuche getrieben wurde. Schon im 19. Jahrhundert erholten sich die Leher Bürger hier vom Alltagsstress und feierten ihr Schützenfest, ab 1890 dann wurde das Gehölz in einen Park umgewandelt. Zwei Jahre vorher hatte die Tradition der Sportstätten im Speckenbütteler Park mit dem Bau einer Pferderennbahn begonnen. Nach und nach wurde der Park weiter umgestaltet und vergrößert, sein burgartiges Tor im Stil des Historismus entstand 1896. Auf dem Ödland am Rande des Parks wurde 1910 ein großer Teich gebaut, auf dem man heute noch rudern, Tretboot fahren oder schwimmen kann. Die dort gelegene Gaststätte Bootshaus mit ihrer beliebten Terrasse ist an heißen Tagen ein guter Ort, um sich abzukühlen.

Nach und nach entwickelte sich der Speckenbütteler Park zu einem Gesundheitspark. Da ist zum Beispiel das Weidenschloss – ein Gebäude, das aus lebendigen Weidenstämmen besteht. Ein Platz zum Ausruhen und Träumen, aber genauso eine Stätte für Theater, Schauspiel und Tanz. Ein Hochseilgarten und verschiedene Kinderspielplätze, eine Finnbahn und ein Fitness-Parcours runden das Angebot ab. Eine Besonderheit ist die *Allee der heilenden Bäume*, ein Spazierweg am Bootsteich, der heilkräftige Bäume vorstellt.

Wie es sich in früheren Jahrhunderten in Geest und Marsch leben ließ, kann der Besucher im Volkskundlichen Freilichtmuseum am Rande des Speckenbütteler Parks erleben. Je ein Gehöft aus Marsch und Geest mit mehreren Nebengebäuden vermitteln einen malerischen Eindruck vom Landleben im 19. Jahrhundert.

Interessant ist die Bockwindmühle am Freilichtmuseum. Die Mühlen der Gegend sind meist Galerieholländer. Hier wird ein Gegenstück präsentiert.

THIELES GARTEN /// MECKLENBURGER WEG 100 ///
27578 BREMERHAVEN /// 04 71 / 6 70 70 /// WWW.THIELES-GARTEN.DE ///

WO DER SCHRAT WOHNT

Gartenreich Thieles Garten in Bremerhaven-Leherheide 67

Nicht weit von der L 135 entfernt, am Mecklenburger Weg, ist vor fast 100 Jahren das Refugium der Künstlerfamilie Thiele entstanden. Hier hat der legendäre Waldschrat seine neue Heimat gefunden. Die Brüder Gustav und Georg Thiele kauften 1923 das Grundstück in der Moor- und Heidegegend Leherheides. Eigentlich sollte dort Landwirtschaft betrieben werden, aber das misslang kläglich. Der Geiger Gustav fand mehr als ein Hobby in der Bildhauerei. Und der Fotograf Georg verstand sich auf das Malen. Und so wurde aus der Not eine Tugend gemacht: Die Brüder belebten ihr Grundstück mit heimischen und fremden Pflanzen und bauten, ganz nach Lust und Laune, Skulpturen und Brunnen in die Landschaft. Dabei entstand eine bunte Mischung aus Norddeutsch-Volkstümlichem und der Antike Nachempfundenem. Die Liebe trug schließlich zur weiteren Ausgestaltung des Gartens bei. Georg heiratete Grete, eine junge Frau aus Leherheide. Sie war selbst Malerin und beteiligte sich an der Gestaltung des Geländes.

»Und sie lebten glücklich bis ans Ende ihrer Tage«, so heißt es im Märchen. Das Ende der Tage kam für Georg und Gustav 1971. Grete allein konnte den Garten nicht pflegen. 1985 erbarmte sich die finanziell angeschlagene Stadt Bremerhaven, übernahm das Anwesen und kümmerte sich um dessen Pflege. Ein Förderverein belebt heute den Garten mit kulturellen Veranstaltungen.

Als ich an einem heißen Sommernachmittag den Garten betrete, spielt mir die Fantasie einen Streich: Gleich am maurischen Haus messen Ringer ihre Kräfte, am Teich spielt Gott Pan auf der Flöte, während die Sonnenanbeterin ihre Arme zum Himmel reckt. Alles scheint real und irreal zugleich. Meine Lieblingsstatue ist der Waldschrat. Eine schöne Frau umarmt ihn, und er grinst so verlegen, als könne er sein Glück kaum fassen.

Eine der ungewöhnlichsten Gaststätten der Gegend ist die Ferrari-Kneipe in der Leher Landstraße 15 in Bremerhaven. Hier gibt es Sportübertragungen und ungefähr 7.000 Exponate zum Thema Rennsport.

DEUTSCHES SCHIFFAHRTSMUSEUM /// HANS-SCHAROUN-PLATZ 1 ///
27568 BREMERHAVEN /// 04 71 / 48 20 70 /// WWW.DSM.MUSEUM ///

BEKANNT AUS FILM UND FERNSEHEN

Zwischen Schiffahrtsmuseum und Loschenturm in Bremerhaven

68

Die älteren Sehenswürdigkeiten Bremerhavens finden Sie am besten von der Fähre nach Nordenham aus. Wenn Sie beim Auslaufen der Fähre an Deck stehen, sehen Sie zuerst das Deutsche Schiffahrtsmuseum (DSM). Welche Rekorde könnte das DSM nicht brechen? Das von Hans Scharoun entworfene Gebäude steht wegen seiner architektonischen Besonderheiten unter Denkmalschutz. Im Museum selbst gibt es eine Hansekogge aus dem Jahr 1380 zu bewundern. Die Abteilungen der Dauerausstellungen beschäftigen sich mit den verschiedensten Themen: Vom Bootsbau über die Navigation bis hin zur Windjammer. Die Zahl der Schiffe, die im Museumshafen liegen und zu besichtigen sind, ist einzigartig. Vom Walfänger bis zum Hafenschlepper ist alles vorhanden.

Kurz hinter dem ATLANTIC Hotel SAIL City hat die Strandhalle ihren Platz. Der rote Klinkerbau von 1913 beherbergt ein Restaurant. Von dort oder der angrenzenden Terrasse aus hat der Besucher einen einmalig schönen Blick über die Weser. Gleich um die Ecke liegt der *Zoo am Meer*. Anfänglich nur ein Aquarium, beherbergt der Zoo inzwischen viele Landtiere. Regelmäßig wird dort die NDR-Serie *Seebär, Puma & Co.* gedreht. Besonders in den Fokus geriet die kleine Eisbärin Lale, die im Jahr 2013 in diesem Zoo geboren wurde.

Von der Fähre aus ganz am Rande des Blickfelds steht ein Leuchtturm im Stil der Bausteingotik. Im Jahre 1853 – in Bremerhaven begann die Entwicklung zur Hafenstadt – waren repräsentative Gebäude vonnöten. Deshalb erhielt der Bremer Architekt Simon Loschen den Auftrag zum Bau des Oberfeuers Bremerhaven. Nach zwei Jahren hatte Bremerhaven ein Wahrzeichen mehr. Mit seinen knapp 40 Metern Höhe weist der Loschenturm, zusammen mit dem rot-weißen, minarettartigen Unterfeuer, den Seefahrern den Weg zur Schleuse und in den Neuen Hafen.

Das Stadttheater Bremerhaven hat für Schauspiel, Musik und Tanz ein eigenes Ensemble. Das macht ein vielseitiges und immer wieder qualitativ hochwertiges Theatererlebnis möglich.

SEEFALKE
VEREINIGEN MEHRERE SEHENSWÜRDIGKEITEN:
DIE BREMERHAVENER HAVENWELTEN ///
WEITERE INFORMATIONEN ERHALTEN SIE BEI DER
BREMERHAVEN TOURISTIK /// H.-H.-MEIER-STRASSE 6 ///
27568 BREMERHAVEN /// 04 71 / 80 93 61 73 ///
WWW.BREMERHAVEN.DE/TOURISMUS ///

BREMERHAVENS NEUE SCHOKOLADENSEITE

Havenwelten in Bremerhaven

69

In den letzten Jahren ist Bremerhaven um einige Sehenswürdigkeiten bereichert worden, die weit über das Cuxland hinausstrahlen. Unter dem Sammelbegriff *Havenwelten* sind sie bekannt geworden.

Das Deutsche Auswandererhaus Bremerhaven macht 300 Jahre Auswanderung lebendig. Als Besucher bekommen Sie mit der Eintrittskarte die Daten eines bestimmten Auswanderers ausgehändigt. Sie können dann seinen Weg in die neue Welt, von seiner Herkunft über die Gründe für die Auswanderung bis zur Schiffsreise und der Einreise über Ellis-Island, nachverfolgen. Das alles wird Ihnen nicht in einem Lesemarathon nahegebracht, sondern anhand von Installationen, Technik und Hörstationen. Da ist für Langeweile kein Platz.

Im Klimahaus Bremerhaven 8 Grad Ost können die Besucher in ein paar Stunden eine Weltreise unternehmen. Entlang des 8. östlichen Längengrades erleben sie zum Beispiel die Schweizer Almen, die Sahelzone und die Antarktis. Durch die lebensechten Kulissen, Gerüche und Geräusche wird die Reise unvergesslich und es gibt sogar die Tiere und Pflanzen der jeweiligen Region zu sehen. Aber die Besucher können hier nicht nur einen spannenden Tag verbringen, sondern sich über die das Weltklima ändernden Faktoren aufklären lassen. Dabei werden Wege aufgezeigt, wie der Einzelne in seinem Alltag mithelfen kann, das Klima zu schützen.

Weithin sichtbar ist das ATLANTIC Hotel SAIL City, dessen Architektur an ein Segel erinnert. Von seiner Aussichtsplattform aus schweift der Blick weit über Bremerhaven mit seinen Häfen und der Wesermündung hinaus. Das Mediterraneo ist ein wunderschönes Einkaufszentrum mit südlichem Flair, auf dessen Piazza die Besucher unter einer Kuppel gemütlich Kaffee trinken können.

☞ Bremerhavens Weserpromenade mit ihren Ausblicken über die Weser und nach Butjadingen ist nach so viel Bildung sicher erholsam.

Hafenarbeit:
Qualitätskontrolle
K.GROSS
HIST. MUSEUM BREMERHAVEN /// AN DER GEESTE ///
27570 BREMERHAVEN /// 04 71 / 30 81 60 ///
WWW.HISTORISCHES-MUSEUM-BREMERHAVEN.DE ///

ZEITREISE DURCH DIE GESCHICHTE

Historisches Museum in Bremerhaven

70

Das Historische Museum an der Geeste in Bremerhaven ist ein Geheimtipp. Ganz in der Nähe der Weserfähre und der neuen Attraktionen wie dem Klimahaus hat die Sammlung der *Männer vom Morgenstern* einen neuen Platz gefunden. Hinter dem kriegerischen Namen verbirgt sich ein Heimatbund für die Elb- und Wesermündung, der unter anderem von Hermann Allmers gegründet wurde. Die vor- und frühgeschichtliche Sammlung dieses Bundes ging schon vor mehr als 100 Jahren an die Stadt Geestemünde. Später wurde Geestemünde ein Teil des neu gegründeten Bremerhavens. In einem preisgekrönten neuen Museumsbau präsentiert seit 1991 das Historische Museum seine Exponate.

Die Goldbrakteaten von Sievern sind hier ebenso ausgestellt wie Gegenstände aus dem persönlichen Besitz von Johann Smidt, dem Gründer von Bremerhaven. Die Entstehung von Bremerhaven als Bremer Vorhafen wird gezeigt. Der Schwerpunkt des Museums liegt darin, den Hafen und seine Arbeitswelten lebendig zu machen. Die Besucher können in die gute Stube eines Werftarbeiters blicken oder eine Böttcherwerkstatt bestaunen. Die Arbeit auf einer Werft wird ebenso dargestellt wie ein Einzelhandelsgeschäft aus den 50er-Jahren. Sogar Kunstwerke, die sich mit Bremerhavener Motiven beschäftigen oder von Bremerhavener Künstlern stammen, werden ausgestellt. Ein Förderkreis ist für die Arbeit des Museums unverzichtbar. Seine Mitglieder unterstützen das Museum zum Beispiel durch den Kassendienst am Fischtrawler GERA oder durch Exponatankäufe.

Apropos GERA. Das Museumsschiff ist der einzige Seitentrawler, der in Deutschland als Museumsschiff zu besichtigen ist. Die Besucher können hier das Leben auf einem Hochseefischereifahrzeug kennenlernen. Und durstig bleiben Sie im Historischen Museum auch nicht: Es gibt ein Café mit schönem Blick auf die Geeste.

Zum Schlendern und Kaufen lädt die Fußgängerzone am Columbus-Center ein. Sie bildet, zur Geeste hin, mit Stadttheater und Kunstverein ein weiteres kulturelles Zentrum.

SCHAUFENSTER FISCHEREIHAFEN /// AM SCHAUFENSTER 6 ///
27572 BREMERHAVEN /// 04 71 / 9 73 20 ///
WWW.SCHAUFENSTER-FISCHEREIHAFEN.DE ///

FISCH IM BLICKPUNKT

Schaufenster Fischereihafen in Bremerhaven

71

Wie kann man die Menschen für Fisch interessieren? Und wie die ungenutzten Gebäude des Fischereihafens Geestemünde vor weiterem Verfall retten? Diese Fragen stellten sich Bremerhavens Stadtväter. Als Antwort wurde die Idee des Schaufensters Fischereihafen geboren.

Der Fischereihafen von Geestemünde wurde bereits 1896 fertiggestellt und schnell zum wichtigen Wirtschaftsfaktor. Es entstanden Auktions- und Packhallen, eine Werft, ein Eiswerk und anderes hafengebundenes Gewerbe. Sogar ein Eisenbahnanschluss wurde 1920 gebaut. Doch mit dem Bau des Neuen Fischereihafens war das Gelände des heutigen Schaufensters ins Hintertreffen geraten. Erst im Jahr 1990 wurde mit der Umsetzung der Idee vom Schaufenster Fischereihafen begonnen. Die alte Packhalle IV wurde restauriert und dient heute maritimen Geschäften und Restaurants als Standort. Statt des Werftgeländes gibt es heute einen Marktplatz, auf dem Open-Air-Veranstaltungen stattfinden. Legendär sind die Freiluftkinoabende im Sommer. Am Kai des Hafenbeckens liegt unter anderem der Seitenfänger GERA, von dem schon im Artikel über das Historische Museum die Rede war. Im Fischbahnhof hat eine Ausstellung über die Fischerei und das Leben im Meer Platz gefunden. Dort wird also theoretisches Wissen gesammelt. Ganz praktisch geht es dagegen im Seefischkochstudio zu. Hier kann man sich die Zubereitung von Fisch in der Showküche erklären lassen oder an einem Kochkurs teilnehmen.

Das Schaufenster ist Startpunkt für Hafenrundfahrten, wobei verschiedene Schiffe zur Verfügung stehen. Die Museumsbahn Bremerhaven–Bederkesa hat hier übrigens einen Haltepunkt. Das Theater am Fischereihafen ist mit seinem Programm aus Schauspiel, Theater und Comedy ebenfalls ein Highlight.

☞ Kunstmuseum und Kunsthalle Bremerhaven liegen nicht weit entfernt vom Stadttheater an der Straße Karlsburg. Hier sind die Werke von Künstlern des 20. und 21. Jahrhunderts zu sehen.

OLDENBURGER HAUS /// IN DER HÖRN 2 ///
27619 ALTLUNEBERG/SCHIFFDORF ///

NÄHERE INFORMATIONEN ÜBER DIE AKTIVITÄTEN IM OLDENBURGER HAUS: GEMEINDE SCHIFFDORF BRAMELER STRASSE 13 /// 27619 SCHIFFDORF /// 0 47 06 / 18 10 /// WWW.SCHIFFDORF.DE ///

EIN DORF AN DER GEESTE

Oldenburger Haus in Altluneberg

72

Von Wehdel aus fahren Sie die Straße nach Altluneberg hinunter und kommen bald an ein großes Waldgebiet. Die Straße ist nicht viel befahren, denn sie ist eine Sackgasse. Dort, wo die Häuser Altlunebergs beginnen, bemerken Sie eine räumliche Geschlossenheit. Es ist, als seien die Häuser zu einer Einheit verwoben.

Am besten parken Sie einige Hundert Meter weiter auf dem Dorfplatz. Dort könnte fast jedes Haus ein Fotomotiv sein. Es ist erstaunlich, wie viel Mühe hier auf die schön angelegten Gärten verwendet wird. Gleich hinter der schmucken Gaststätte Wichern liegt die Kirche von Altluneberg. Unter dem Patronat der Familie von Luneberg gebaut, ist die Kirche noch nicht 400 Jahre alt. Der Eingangsbereich ist immer geöffnet. Sehen Sie kurz in die Kirche hinein. Manches Detail wird Sie hier von der Stimmigkeit des Gesamteindrucks überzeugen. Fast genau gegenüber liegt das Oldenburger Haus, das in seiner geschlossenen Fachwerkbauweise sicher auffälligste Haus des Ortes. Es ist, als Versammlungs- und Kulturhaus, so etwas wie das Herz Altlunebergs.

Schon im Jahr 1194 wurde der Ort im Zusammenhang mit der Familie von Luneberg erwähnt, die dem Erzstift Bremen als Knappen, also als Ritter, dienten. Natürlich verwalteten sie ihre Güter von ihrer, heute längst nicht mehr existierenden, Burg aus, um die herum nach und nach das heutige Dorf Altluneberg entstand. Von der adligen Sippe blieb nur noch das Rittergut, das sich seit 1897 im Besitz der Familie Schierenbeck befindet. Ein landwirtschaftlicher Betrieb existiert schon einige Jahre nicht mehr, doch gerade das führte zur zwischenzeitlichen Belebung des Gutes: Die Schauspielgruppe *Das letzte Kleinod* – vorgestellt im Beitrag 73 dieses Buches – spielte hier einige Wochen ihr Stück über den wirtschaftlichen Umbruch auf dem Gut.

Die Anlagen des Silbersees in Wehdel sind zwar ein wenig in die Jahre gekommen, aber das Badevergnügen in dem ungefähr drei Meter tiefen Gewässer mit sandigem Untergrund ist ungetrübt.

OTEVŘENÉ VÝSYPNÉ KLAPKY
ZASAHUJÍ DO PRŮJEZDNÉHO
PROFILU
DAS LETZTE KLEINOD /// SCHIENENWEG 2 ///
27619 GEESTENSETH/SCHIFFDORF ///
0 47 49 / 10 25 64 /// WWW.DAS-LETZTE-KLEINOD.DE ///

EIN THEATEREXPERIMENT

Theatergruppe Das letzte Kleinod in Geestenseth 73

Am nächsten Lieblingsort wird eine Theaterform präsentiert, die nichts mit den herkömmlichen Bühnenstücken zu tun hat. Das alte Bahnhofsgebäude in Geestenseth ist nur vorübergehend die Kulisse für den ozeanblauen Zug, der auf den Nebengleisen steht und den Schauspielern als Unterkunft und Garderobe, als Requisitenlager und Theaterbüro dient. Hier entstehen die Theaterstücke, die so außergewöhnlich wie bewegend sind. Vor einem alten, mit polnischen Aufschriften versehenen Zug stehen fünf Schauspieler, sprechen Texte und bewegen mannshohe, hölzerne Kabeltrommeln. Die Schauspieler erzählen von Kindheit, Arbeit, vom Spiel, von den Eltern und vom Tod. Angestrengt hantieren sie mit den Kabeltrommeln, springen hinauf, bleiben stehen, agieren miteinander und stoßen sich voneinander ab. Die Besucher sind gefordert, die Bewegungen und Sätze der Schauspieler gedanklich zu einer Handlung zusammenzusetzen. So will Jens-Erwin Siemssen, der Leiter der Theatergruppe, die Geschichte eines Ortes und seiner Menschen erzählen. Basierend auf Gesprächen mit Zeitzeugen wird ein Theaterstück kreiert und mit dem Zug an einen dazu passenden Ort gebracht.

Doch noch eine andere Besonderheit zeichnet die Stücke von Das letzte Kleinod aus, denn das Publikum wird in das Geschehen einbezogen. »Gdynia!« Eine schwer atmende Schauspielerin zeigt auf einen der drei Besucherblöcke. »Mitkommen!« Die Stimme, die Gesten sind befehlend. So aufgefordert, folgen die Zuschauer erst zögernd, dann schneller in einen der Wagons. Hier wird das Stück sehr nah am Publikum fortgesetzt, was die Handlung erlebbar, spürbar macht. Noch zweimal wechseln die Zuschauer ihre Perspektiven und loten so neue Gefühlswelten aus. Eine Erfahrung, die keine Guckkastenbühne der Welt vermitteln kann.

☞ Wenn Sie nach so vielen starken Eindrücken eine Pause brauchen, dann gönnen Sie sich ein gutes Essen bei Bathmann. Der Gasthof liegt an der alten B6 und ist für seinen schönen Biergarten berühmt.

ST.-MARIEN-KIRCHE /// KIRCHENSTRASSE /// 27612 LOXSTEDT ///
0 47 44 / 23 19 /// WWW.KIRCHENGEMEINDE-LOXSTEDT.DE ///

EIN UNGEWÖHNLICHER TANZ

St.-Marien-Kirche in Loxstedt

74

Tatsächlich lädt die Kirche in Loxstedt nicht zur Disco oder zum Volkstanz ein. Hier wird die Betrachtung eines Tanzes zu einem Glaubenserlebnis. Wenn Sie die Kirche betreten und auf die Gewölbe achten, so sehen Sie als Erstes den Tod. Natürlich nur ein Bild des Todes. Die Figur erscheint groß und hat als Attribut die Sense bei sich. Aus der Geschichte ist bekannt, dass zum Zeitpunkt des Kirchbaus gerade die Pest in der Gegend wütete. Die Idee vom Schnitter Tod, der als Schreckgespenst für das plötzliche Lebensende steht, war weit verbreitet. Nach dem Tod kam für die Menschen des Mittelalters unabwendbar das Jüngste Gericht, in dem über Ewiges Leben oder Ewige Höllenqualen entschieden wurde. Der Sensenmann ist also eine Mahnung zur Einkehr und Buße in gefährlichen Zeiten. Ihm zur Seite stehen links und rechts die beiden Figuren eines modisch gekleideten und reichen jungen Paares. Sie stehen für die »Lust und Fröhlichkeit auf dieser Erde«.

Ein Gewölbe weiter sind die Pestnothelfer und Märtyrer Sebastian (dem Pfeile im Körper stecken), Stephanus (der gesteinigt wird) und Christophorus zu sehen. Christophorus trägt auf seinen Schultern das Jesuskind und wird damit zum Beschützer in Notsituationen. Das dritte Gewölbe zeigte wahrscheinlich Jesus als Weltenrichter, dem aus dem Mund der Urteilsspruch Lilie (Himmel) oder Schwert (Hölle) wachsen. Für die Menschen bitten die Gottesmutter Maria und Johannes der Täufer.

Der Zyklus endet mit der Darstellung von Himmel und Hölle. Der Höllenschlund für die Bösen, gleich welchen Standes, oder die Begrüßung im Himmel durch Christus, die den einfachen Gläubigen ebenso wie dem Papst zuteilwerden kann.

Rufen Sie im Kirchenbüro an, wenn Sie dieses Zeugnis der mittelalterlichen Glaubenswelt besichtigen wollen.

☞ Das Kulturzentrum Alte Schule in Loxstedts Nachbarort Stotel hat sich durch sein Kulturprogramm einen guten Namen gemacht.

BÜRGERVEREIN DEDESDORF-EIDEWARDEN /// ULMENWEG 8 ///
27612 LOXSTEDT-DEDESDORF /// 0 47 40 / 14 01 77 ///
WWW.DESDESDORF-EIDEWARDEN.DE ///

WESERPERLE /// UTE REHBERG /// FÄHRSTRASSE AUSSENDEICH ///
27612 LOXSTEDT-DEDESDORF /// 0 17 15 / 85 81 28 ///
WWW.WESERPERLE-DEDESDORF.DE ///

URLAUB VOR DER BREMER HAUSTÜR

Strandleben in Dedesdorf

75

Vom Ortsteil Eidewarden im Norden führt die Straße nach Dedesdorf. Inzwischen sind die idyllischen Fischerhäuschen am Rand fast alle als Ferienhäuser fest in der Hand von Bremern und Bremerhavenern. Wir suchen den Strand, der uns so schwärmerisch von einer alten Dame am Weg empfohlen wurde. Vor allem sollten wir dort den selbst gebackenen Kuchen in der Weserperle probieren. Und dann liegt er vor uns: eine durchaus respektable Fläche Sand, die sich hinter dem grünen Bewuchs am glitzernden Wasser entlangzieht. Da muss keiner noch weiter die Weser hinauf zu den direkten Nordseestränden fahren. Hier ist alles vom Badetuch bis zu bequemen Caféhausstühlen zu haben, was der Urlauber will.

Dedesdorf und Landwürden wurden schon im 13. Jahrhundert durch eine Heirat Oldenburger Besitz. Allerdings wurde 1408, als der Graf von Oldenburg durch die Bremer nach der Schlacht von Golzwarden auf der anderen Weserseite gefangen genommen wurde, das Land für 100 Jahre an Bremen verpachtet.

Die endgültige Ablösung vom Oldenburger Land und dem Amt Brake und die neue Zugehörigkeit zur Gemeinde Loxstedt im Landkreis Cuxhaven erfolgte erst 1974. Nur noch die Kirchengemeinde steht unter Oldenburger Verwaltung. Die St.-Laurentius-Kirche hat ihre Wurzeln im 13. Jahrhundert. Berühmt ist sie wegen ihrer Arp-Schnittger-Orgel von 1697/98 und ihrem stimmungsvollen Friedhof mit alten Stelen und Grabplatten aus der Zeit. Das ehemalige Gasthaus Landwürder Hof, heute ein Pflegeheim, ist mit Delfter Kacheln altväterlich geschmückt. Wie bedeutend Dedesdorf für die ganze Gegend war, beweist der dort abgehaltene Markt, der seit 1149 stattfindet. Das weltliche Marktgeschrei wollten die Gläubigen nicht mehr nahe der Kirche hören, sondern verbannten es in den Ortsteil Eidewarden. Jedes Jahr mit Festumzügen im August.

☞ Die zweistöckige Galerieholländer-Windmühle von 1847 nahebei im Ortsteil Oldendorf heißt heute Hochzeitsmühle Ursel. Ihr Standort ist seit 1584 dokumentiert. Jetzt soll sie verkauft werden.

OTTERBIOTOP /// FRESCHLUNEBERGER STRASSE ///
27616 LUNESTEDT/BEVERSTEDT /// 0 47 48 / 10 56 ///
WWW.FORUM-NATUR-LUNEKRING.DE ///

EINE HEIMAT FÜR OTTER

Otterbiotop bei Lunestedt

76

Am Mittellauf der Lune, unweit des Dorfes Lunestedt, wurde ein ehemaliges Klärwerk zu einem Otterbiotop umgebaut. Auf ungefähr acht Hektar Fläche ist das Biotop durch die Arbeit des Forums Natur Lunekring e. V. eine Oase für die Lebewesen der Umgebung geworden. Lang ist die Liste der Tiere, die hier beobachtet werden können.

Von der Freschluneberger Straße führt ein Weg an der Grenze des Otterbiotops vorbei zu einem Aussichtsturm. Der Weg beginnt bei der Otterstatue, die von Marion Köser gestiftet wurde. Am Weg fallen gleich die schön gestalteten Infotafeln auf. Mit Unterstützung des Landes Niedersachsen und der Bingostiftung ist es hier gelungen, einen informativen und ansprechend gestalteten Lehrpfad aufzubauen. Denn wer möchte nicht wissen, welche Tiere hier leben und weshalb sie für die Landschaft wichtig sind! Die Attraktion des Biotops sind natürlich die Otter. Erreicht man den Aussichtsturm, so geht der Blick weit über die Wiesen an der Lune, das Biotop und natürlich den Fluss selbst. Nun fehlt nur noch ein Fernglas und Geduld, um die Tiere in ihrer Umgebung zu beobachten. Einen Otter wird der Besucher wahrscheinlich nicht am ersten Beobachtungstag entdecken. Die Tiere werden erst in der Dämmerung aktiv und sind tagsüber eher an ihren Fraßspuren zu erkennen.

Der Fluss Lune ist Lebensader und Bindeglied im südlichen Cuxland. Auf den 43 Kilometern zwischen der Quelle und seiner alten Mündung im Bremerhavener Fischereihafen durchquert er fast das ganze südliche Cuxland. Die Mündung beim Fischereihafen ist allerdings schon seit mehr als 90 Jahren Geschichte. In einer ersten Regulierung wurde die Lune zum neuen Lunesiel an der Luneplate geleitet. Seit der zweiten Regulierung mündet die »neue« Lune südlich von Dedesdorf in die Weser.

☞ Die Lune ist übrigens ein sehr beliebtes Paddelgewässer. An sechs Einstiegsstellen zwischen Beverstedt-Deelbrügge und Loxstedt-Nesse kann man den Fluss einmal auf ganz andere Art genießen.

JAN VOM MOOR /// HEISE 27 /// 27616 HEISE/BEVERSTEDT ///
0 47 48 / 12 14 /// WWW.FREILICHTMUSEUM.GEMEINDE-HOLLEN.DE ///

DAS LEBEN DER MOORKOLONISTEN

Freilichtmuseum Jan vom Moor in Heise

77

»Dem Ersten der Tod, dem Zweiten die Not, dem Dritten das Brot.« Woher genau dieser Spruch über die Generationenfolge der Moorbauern stammt, ist mir unbekannt. Doch hart ist das Leben der Moorkolonisten zweifellos gewesen. Die Moorkolonisation in der Gegend des Teufelsmoors ist untrennbar mit dem Namen Johann Christian Findorffs verbunden. Der Moorkommissar des Königreiches Hannover machte nicht nur Pläne zur Moorkolonisation, sondern überwachte auch deren Durchführung. Dabei setzte er sich für die Siedler ein, was ihn zum »Vater aller Moorbauern« machte. In Heise begann die Besiedlung des Großen Moors 1795.

Zunächst musste das Land mit einem großen Kanal, an dessen Ufer ein Weg gebaut wurde, entwässert werden. Im nächsten Schritt wurden die Moorparzellen vergeben. Oft an die nicht erbberechtigten Söhne aus Bauernfamilien der Umgegend. Sie sorgten durch kleinere Gräben für die weitere Entwässerung ihrer Parzellen. Eine wirtschaftliche Grundlage hatte ihr Leben vor allem durch Torfabbau und dessen Verkauf. Die 26 Moorkolonisten in Heise boten ihren Torf bei den Ziegeleien in Stotel und im späteren Bremerhaven an. Dazu mussten sie mit ihren flachen Torfkähnen über die Wasserläufe Richtung Weser fahren. Nach dem Enttorfen baute der Moorkolonisator meist Buchweizen auf dem nährstoffarmen Boden an. Der Buchweizen ist zwar eine genügsame Pflanze, aber sehr frostempfindlich. Deshalb konnte ein harter Winter für die Moorbewohner ein Hungerwinter werden.

Zum 200. Geburtstag der Moorkolonie Heise wurde die Idee geboren, das Leben der Moorbauern in einem Freilichtmuseum wieder erlebbar zu machen. Gleich bei der Heiser Mühle entstand so Jan vom Moor, ein Ensemble mit einer typischen Moorkate, einem Torfkahn und einem Klappstau, der das Befahren der flachen Moorkanäle ermöglichte.

Schule wie vor 100 Jahren. Im Schulmuseum Heise können Sie, nach telefonischer Absprache, eine Schulstunde wie im Kaiserreich genießen.

HEIMATHAUS WACHHOLZ /// WACHHOLZ 4 /// 27616 BEVERSTEDT /// 0 47 47 / 2 94 /// WWW.HEIMATVEREIN-BEVERSTEDT.DE ///

HEIMAT ALS AUFGABE BEGREIFEN

Heimathaus Wachholz in Beverstedt

78

Ein Heimatverein, der drei Gebäudeensemble wiederaufbaut und der Öffentlichkeit zugänglich macht – das ist wirklich eine Seltenheit. Engagement ist selbstverständlich im Heimatverein Gemeinde Beverstedt e. V. Kurz nach der Gründung des Vereins begann das erste Projekt: die Renovierung des Forsthauses Wachholz. 1781 wurde das dreischiffige niedersächsische Hallenhaus als Haupthaus eines Bauernhofs gebaut. Nach verschiedenen Nutzungen im 20. Jahrhundert stand das Gebäude ab 1978 leer und drohte zu verfallen. Die Samtgemeinde Beverstedt kaufte das Haus, und die Mitglieder des Heimatvereins gingen an die Renovierung. Nicht nur die Arbeiten wurden von den Mitgliedern geschultert, sondern auch ein großer Teil der Baukosten übernommen. Die Eröffnung wurde 1983 gefeiert, und seither finden verschiedene kulturelle Veranstaltungen im Forsthaus statt. Das Betreuerhaus und die Fachwerkscheune stammen aus Hesedorf beziehungsweise Kirchwistedt. Beide Gebäude wurden in Wachholz wieder aufgebaut.

Doch damit ist erst ein Ensemble in der Reihe von dreien genannt. Das zweite ist das Dorpshus in Lunestedt. Hier können die Besucher sich über die tierischen *Gewinner und Verlierer der Kulturlandschaft* informieren. Der Heimatverein Beverstedt hat diese Ausstellung zusammengetragen und damit die Möglichkeit geschaffen, die Natur besser zu verstehen.

Das dritte Projekt schließlich, die Wassermühle Deelbrügge, ist zum ersten Mal um das Jahr 1500 erwähnt worden und war bis 1950, zuletzt mit Motorkraft, in Betrieb. Seit 1991 war die Samtgemeinde Beverstedt Eigentümerin der Mühle und bot sie dem Heimatverein an, der sie erhalten und als Baudenkmal für die Öffentlichkeit zugänglich machen sollte. Dieses Ziel wurde 1995 erreicht. Dabei entstand am Ufer der Lune einer meiner Lieblingsplätze im Cuxland.

An der Lune bei Beverstedt stehen noch zwei weitere Wassermühlen. Die Mühle von Stemmermühlen kann nicht mehr besichtigt werden. In der Mühle von Beverstedtermühlen hat eine Galerie Einzug gehalten.

UNTER DERSELBEN ADRESSE WIE DER HAUSTIERPARK BEFINDET
SICH DER KULTURHOF HEYERHÖFEN /// HEERSTEDTER MÜHLENWEG 13 ///
27616 BEVERSTEDT /// 0 47 47 / 93 19 77 /// WWW.KULTURHOF.INFO ///

MIT TIEREN AUF DU UND DU

Cux-Art-Tierpark in Beverstedt-Heyerhöfen 79

Manchmal ist es schön, wenn etwas nicht durchgeplant und durchdesignt ist. Ein bisschen chaotisch wirkt der Cux-Art-Tierpark schon, wenn die Besucher ihn betreten. Da gibt es keinen gestylten Eingangsbereich. Nur ein paar Kisten, auf denen die Kasse steht. Viel aufregender als das Eintrittsgeld ist für die Kinder der Eimer mit Futter, den sie mitnehmen dürfen. Ein paar Möhren zum Beispiel. Denn der Gründer und »Zoodirektor« Dr. Heinz-Christian Steiner hat hier eine Art Begegnungsstätte zwischen Mensch und Tier geschaffen.

Direkt hinter der kleinen Tür warten schon die Schafe. Sie drängen hinaus, und nur mit Mühe können die Erwachsenen den Ausbruchsversuch vereiteln. Am besten geht das, wenn man ihnen die Möhren zu fressen gibt. Die Stars des Haustierzoos sind die beiden Esel, die gutmütig zwischen den Schafen ihren Weg suchen. Mit ihren ruhigen Bewegungen und dem ewig kauenden Gebiss sind sie der Anziehungspunkt für die Kinder. Festes Schuhwerk brauchen die Besucher, wenn sie durch die provisorischen Anlagen gehen. Dafür gibt es eine Vielzahl von bekannten und nicht so bekannten Tieren zu sehen. Hühner und Schwäne, Mini-Schweine und Lamas. Viele der Tiere gehören auf einen Bauernhof. Andere sind Wildtiere, die in Gattern vor allzu neugierigen Besuchern geschützt werden. So zum Beispiel Marderhunde und Silberfüchse. Ziemlich unheimlich waren mir die Nandus, die in ihrer vorwitzigen Art meine Fotokamera aufpicken wollten. Weiter hinten geht das Gelände ins Moor über. In einer Moorhütte sind verschiedene Eulenarten zu bestaunen.

Sicher ist auf dem Gelände noch manches im Entstehen, und manches entzieht sich der Planung des Zoodirektors. Gerade dieses zwanglose Miteinander der Tiere erlaubt vor allem Kindern, wertvolle Erfahrungen mit Tieren zu machen.

Im Kulturhof Heyerhöfen, direkt am Haustierzoo, können Sie nicht nur Kaffee trinken, sondern das kulturelle Programm des Markt- und Kulturvereins Beverstedt genießen.

SKUPTURENPARK UND SEMINARHAUS KRAMELHEIDE ///
KRAMELHEIDE 2 /// 27616 WELLEN/BEVERSTEDT ///
0 47 47 / 6 42 /// WWW.HAUS-KRAMELHEIDE.DE ///

SINN UND HUMOR

Skulpturenpark Kramelheide in Wellen 80

»Man muss schon sehr genau hinsehen.« Unter diesem Motto könnte die nächste Reise stehen. Schon den Weg von Wellen aus zum Skulpturenpark zu finden, ist ein kleines Abenteuer. Das Seminar- und Ferienhaus Kramelheide steht in wunderschöner Landschaft. Saftige Wiesen, ein verwunschener Wald und Teiche, die so aussehen, als könne man hier dem Froschkönig begegnen. Sie gehen besser kurz ins Haupthaus und lassen sich den Weg in den Skulpturenpark beschreiben. In dem ehemaligen Sanatorium können Sie nicht nur gut essen oder eine Tagung abhalten, sondern auch ganz entspannt die Ferien verbringen. Die Kramelheide ist durch ihre Lage zwischen Bremerhaven und Bremervörde ein guter Ausgangspunkt für Ausflüge.

Ein kleiner Pfad führt in den Wald. Sie finden nicht sofort die ersten Kunstwerke. Genaues Hinsehen ist hier gefragt. Normalerweise erklären an Kunstwerken im öffentlichen Raum große Schilder, was zu sehen ist und wer hier seine künstlerische Visitenkarte abgeben durfte. Im Skulpturenpark Kramelheide werden Sie mehr gefordert und können dadurch eigene Gedanken entwickeln. Wie war das mit dieser Mauer? Sie besteht größtenteils aus Weinflaschen. Ein Kunstwerk oder die Reste eines Gelages oder einfach ein Symbol für den Spaß, den die Beschäftigung mit Kunst bringen kann?

Besonders haben mir die kleinen Baumskulpturen gefallen. Wie ein Sägeblatt ist hier eine Gruppe von Kleinfiguren auf der Rinde eines Baumes befestigt worden. Sie wimmeln dem Waldboden zu und könnten als Hinweis auf die Unterlegenheit des Menschen gegenüber der Natur gedeutet werden. Oder hatte nur jemand Spaß daran, die Kleinfiguren herzustellen? Weiter geht es durch den Park, vorbei an riesigen Grashüpfern aus Eisen oder Skulpturen, die aus dem Boden gewachsen zu sein scheinen.

Das Freilichtmuseum Frelsdorfer Brink liegt eine halbe Autostunde von der Kramelheide entfernt. Hier finden Sie einen im Original erhaltenen Geestbauernhof mit seinen Nebengebäuden.

DAS HAUS WIRD BETRIEBEN VON DER HERMANN-ALLMERS-GESELLSCHAFT, IST ABER IN PRIVATBESITZ.

ALLMERS-HAUS /// MITTELSTRASSE 1 /// 27628 HAGEN IM BREMISCHEN, OT RECHTENFLETH /// ANMELDUNG VON BESUCHEN UNTER /// 0 47 02 / 8 10 /// ODER WWW.HERMANN-ALLMERS.DE ///

HINTER DEM DEICH: BAUERNSOHN UND PATRIOT

Hermann Allmers aus Rechtenfleth 81

Im 19. Jahrhundert war Hermann Allmers in seiner Heimat und vor allem auch in Bremen ein geachteter Prominenter. Geboren und gestorben ist er in Rechtenfleth direkt hinter dem Weserdeich, aber er kam weit in Europa herum, wurde Schriftsteller und hatte Erfolg mit seinem Werk *Römische Schlendertage*. Sein unabhängiges Leben wurde ihm durch seine Eltern, reich und gebildet, ermöglicht, er wuchs mit Hauslehrern auf, da weit und breit nur ärmliche Dorfschulen erreichbar waren. Aber seiner Region blieb er Zeit seines Lebens verbunden, übernahm 1849 mit Ende 20 den elterlichen Hof und pflegte mit anderen fortschrittlich gesinnten, politisch dem Vormärz verpflichteten Männern Kontakt. Er gründete den Heimatbund der *Männer vom Morgenstern*. Dabei ging es vor allem um Freimaurertum, Nationalismus und Patriotismus, er wurde »Marschendichter« seiner Heimat und das ließ ihn später in Vergessenheit geraten, denn diese Heimat war selbst für die Bremer meist zu abseits gelegen: ein kleines Dörfchen, zum Landkreis Cuxhaven gehörend. Das Land Würden rechts der Weser, wozu es zählt, war früher einmal wie Dedesdorf im Oldenburger Besitz der anderen linken Weserseite und ist immer noch damit verbunden durch eine Fähre.

Den Marschensaal seines Hauses hatte Allmers von zeitgenössischen Künstlern ausmalen lassen. Er hielt Kontakte zu den Worpsweder Malern wie Otto Modersohn und Heinrich Vogeler und der Künstlerkolonie Dötlingen im Oldenburger Land.

Allmers hat sein Haus schon zu seinen Lebzeiten der Öffentlichkeit zugänglich gemacht, heute ist es nur am Wochenende zwischen 13 und 17 Uhr zu besichtigen. Zu betreten ist es dann von einer hölzernen Zugbrücke aus über einen Graben wie eine mittelalterliche Burg.

☞ Hinter dem Haus am Deich steht ein sehr europäisch-nationales Denkmal: Kaiser Karl der Große wird dort in einer Art Tempel verehrt und auf einem seiner Zeit angeglichenen Mosaikbildnis dargestellt.

WWW.WESER-FAEHRE.DE ///

KIRCHENGEMEINDE SANDSTEDT UND WERSABE ///
MARKTSTRASSE 6 /// 27628 SANDSTEDT /// 0 47 02 / 2 62 ///
WWW.KIRCHE-SANDTSTEDT.DE ///

ORGELFESTE AN DER WESER

Sandstedt – verlässlich am Fluss

82

Wo kann man schon eine Wesertaufe erleben? In Sandstedt am Hafen. Dort wird im Sommer ein Taufgottesdienst gefeiert und anschließend gibt es für die Tauffamilien und Gottesdienstbesucher ein Picknick am Strand. Zwei Plätze sind es, die für den Ort an der Weser eine besondere Bedeutung haben: die Fähre zum schräg gegenüberliegenden Brake und die Kirche von 1420, die »verlässlich« geöffnet ist.

So jedenfalls steht es gleich an der Eingangspforte mit den Öffnungszeiten tagsüber, und es scheint doch nötig zu sein, darauf hinzuweisen, gab es doch immer wieder geschlossene Kirchen, die durch ihre berühmten Orgeln oder ihre pittoreske Ausstattung sehenswert sind, an denen man sich aber meist die Nase stößt. Nicht so in Sandstedt mit der prächtigen Orgel, an der Arp Schnittger, der auf der anderen Weserseite in Golzwarden geboren wurde, mitgebaut hat. Wie überall in der Gegend gehören Orgelfeste als Bestandteil des kulturellen Lebens dazu. Auch einen Bücherflohmarkt gibt es in diesem Gotteshaus. Ein Beispiel dafür, wie die Kirche in kleinen Orten zum Mittelpunkt des gesellschaftlichen Lebens werden kann.

Von Sandstedt führt die Fähre Kleinensiel alle 20 Minuten über die Weser nach Brake. Beliebt vor allem bei Fahrrad- und Motorradfahrern, die an der Unterweser ein begehrtes Reiseziel finden. Die Fähre überquert die Weser von einer Seite zur anderen, ohne dass allzu große Weserpötte ihr den Weg versperren. Schöner, als mit dem Auto durch den Wesertunnel südlich von Bremerhaven zu fahren, ist es allemal. Außer bei Sturm bleibt alles ruhig in diesem Hinterland: Das Wasser schwappt, die Fähre tuckert und die Menschen genießen es, ihre eigene Fahrt unterbrechen zu können, um nur zu schauen. Oder die beliebte Bockwurst an Bord zu bestellen, wegen der einige Leute sogar extra einen Umweg machen!

Sandstedt gehört wie Rechtenfleth ebenfalls zur Gemeinde Hagen im Bremischen, aber doch zum Landkreis Cuxhaven. Östlich im Landesinneren, jenseits der Autobahn, wechseln Wald und Bauernland.

BURG ZU HAGEN /// BURGALLEE 1 /// 27628 HAGEN IM BREMISCHEN ///
0 47 46 / 60 43 /// WWW.BURG-ZU-HAGEN.DE ///

IM HERZEN DES ORTES

Burg in Hagen im Bremischen 83

Um 1200 ließ der Bremer Erzbischof Hartwig II. eine hölzerne Burg in der sumpfigen Aueniederung errichten. Er wollte das rechte Weserufer gegen die aufständischen Stedinger sichern. Damals war ihm wohl nicht klar, dass er damit den Grundstock für eines der eindrucksvollsten Gebäude des Cuxlandes legte.

Unter dem Erzbischof Johann Rode erhielt die Burg um 1500 ihre heutige Gestalt: ein großer rechteckiger Bau aus roten Backsteinziegeln im Klosterformat, auf dessen Grundstück vom Burgtor aus eine beeindruckende Eichenallee führt. In den folgenden Jahrhunderten entwickelte sich die Festungsanlage nach und nach zu einem Gutshof. Von hier aus verwalteten die Amtmänner des Königreichs Hannover die Gegend und machten sich um Burg und Ort Hagen verdient, so zum Beispiel Otto Christoph Heise, nach dem die Moorkolonien Heise und Oberheise benannt worden sind.

Später trennte der hannoversche König Justiz und Verwaltung und die Burg wurde zum Wohnsitz der Gerichtsbediensteten. Diese Nutzung setzte sich bis 1974 fort. Die Zeit war nicht spurlos an der Burg vorbeigegangen, und es mehrten sich die Stimmen, die für einen Abriss des historischen Gemäuers plädierten. Der Unterstützung des damaligen Oberkreisdirektors Prieß ist es zu verdanken, dass das Gebäude grundsaniert wurde. Im Jahre 1988 wurde die Wiedereröffnung gefeiert.

Seither sorgt der *Burg zu Hagen im Bremischen e.V.* – Kultur- und Heimatverein für das kulturelle Leben in und rund um die Burg. Klassische Konzerte, Unterhaltungsmusik, Lesungen, Ausstellungen und die jährlichen Veranstaltungen Ringreiten und Christkindlmarkt haben die Burg zu einem Anziehungspunkt im südlichen Cuxland gemacht. Zum 100. Todestag von Hermann Allmers fand in der Burg Hagen eine Ausstellung über ihn und seine Künstlerfreunde statt.

☞ Nach so viel Kultur tut Bewegung gut. Von der Burg aus lässt sich ein kleiner Spaziergang in das Königsmoor unternehmen. Vom dortigen Aussichtsturm können Sie, mit etwas Glück, Kraniche beobachten.

CAFÉ ZUR WASSERMÜHLE /// HOF HEESEN 5 (LINDENSTRASSE 20) ///
27628 WULSBÜTTEL/HAGEN IM BREMISCHEN ///
0 47 46 / 72 78 94 /// WWW.WASSERMUEHLE-WULSBUETTEL.DE ///

EIN MÜHLENCAFÉ ZUM TRÄUMEN

Wassermühle in Wulsbüttel

84

Am Ufer der Drepte, unweit des Ortskerns von Wulsbüttel, können Sie sich in der alten Wassermühle verwöhnen lassen. Sie hat zwar kein Mühlrad mehr, und der Mahlstein dient als Hinweisschild, aber sehenswert ist sie dennoch. Denn die alte Wassermühle hat eine neue Bestimmung gefunden. Heute ist aus dem Mühlenbetrieb ein Lieblingsplatz für die kostbaren Stunden des Wochenendes geworden. Hier können Sie an einem schönen Sommertag am alten Mühlteich sitzen, Kaffee und Kuchen genießen und dem Alltag entfliehen. Aus dem alten Mühlteich wurde ein Wassergarten, der an heißen Tagen Kühle ausstrahlt. Mit viel Liebe wurde hier eine kleine Landschaft rund um das Thema Wasser gestaltet.

Natürlich ist nicht nur die Wassermühle im Ort sehenswert. Wulsbüttel ist ein altes Dorf inmitten von Wiesen und Wald auf der Geest. Bereits 1052 erwähnt, stand es lange unter der Herrschaft der Grafen von Stotel. Die Grafen waren für den ersten Kirchenbau verantwortlich, der wohl um 1200 stattfand. Die Feldsteine der Außenmauern machen das Alter der Kirche unübersehbar, doch die Kirche war schon bald nach dem Bau abgebrannt und wurde 1240 erneuert. Das Kloster in Lilienthal hatte inzwischen das Dorf und damit die Kirche gekauft und war nun für den Wiederaufbau verantwortlich. Das Kircheninventar stammt meist aus dem 17. Jahrhundert, die alten Eichen und die Steinmauer, die Kirche und Friedhof schützend umgeben, fügen sich zu einem romantischen Bild zusammen.

Alte Straßenbäume, ein paar Fachwerkgebäude und die gepflegten Gärten zeigen die Liebe der Bürger zu ihrem Wohnort. Die Mitglieder des Bürgervereins Wulsbüttel e. V. helfen kräftig mit, ihren Ort zu verschönern und lebenswerter zu machen. Hervorzuheben ist die Aktion Badesee, bei der ein See in der Umgebung zu einem Badegewässer ausgebaut wurde.

Einige Dezibel lauter geht es im Motodrom Hoope Park zu. Hier können Sie sich auf den Geländestrecken mit Motorrad und Geländewagen so richtig austoben.

GOTT ALLEIN DIE EHR
WO DER HERR DAS HAVS NICHT BAVWET SO ARBEITEN VMB SONST ALLE DIE DARANNE BAVWEN
GOTT BEWARE DISES HAVS VND WAS GEHET EIN VND AVS ANNO 1688 DEN 3 MAIJ +
JOHAN FELDHVSEN
ANNE FEDTHVSEN
MBF +
SO WIE DIESE ALTE FACHWERKFASSADE IST DER ORT MEYENBURG ALS GANZES EIN KUNSTWERK.
CAFÉ ALTE GENOSSENSCHAFT /// BUTENDOOR 16 /// 28790 MEYENBURG/SCHWANEWEDE /// 0 42 09 / 91 41 90 /// WWW.NACH-MEYENBURG.DE ///

FREUNDLICHES DORF AN DER GRENZE

Rundgang durch Meyenburg

85

Fahren Sie langsam. Nicht nur, weil das Pflaster in Meyenburg noch tatsächlich aus Steinen besteht – manche Dörfer sind als Ganzes ein Kunstwerk, und Meyenburg gehört dazu. Auffällig ist das geschlossene Ortsbild. Die Häuser und Gärten sind sehr gepflegt, und als Gast hat man den Eindruck, alles sei von einem planenden Geist zusammengestellt. So wie die Herbstdekoration in manchem Garten. Glanzpunkte des Dorfes sind verschiedene Fachwerkhäuser, zum Beispiel das Müllersche Haus in der Nähe der Alten Genossenschaft oder die Praxis der Tierärztin in der Straße Brandberg.

Wie so oft ging die Entwicklung des Dorfes von einer Burg aus: Wohl 1309 errichteten die Ritter von Wersebe eine Sumpfburg, auf deren Grundmauern heute der Gutshof steht. Leider kann er nicht besichtigt werden, aber zum Gutshof gehörte natürlich eine Wassermühle – ihr Nachfolgebau aus dem Jahre 1856 mit dem Mühlteich ist einen Abstecher wert. Ortsmittelpunkt ist die alte Dorfkirche, sie ist der heiligen Lucia geweiht und wurde 1857 neu errichtet. Zu dieser Zeit (bis 1958) hatten die Ritter Wersebe das Patronat über die Kirche, durften die Pfarrer vorschlagen und mussten die Kosten der Kirchenreparaturen tragen.

Meyenburg ist landwirtschaftlich geprägt, im Dorf gibt es immer noch einen Dorfladen und verschiedene Gewerbebetriebe. Auch Kreativität wird in diesem Ort großgeschrieben: In der Alten Genossenschaft befindet sich eine Galerie mit Manufaktur für Bilderrahmen und Ähnlichem und auch der Kaffee schmeckt dort übrigens besonders gut. Ein wenig außerhalb, in Richtung Schwanewede, liegt die Metallkunstwerkstatt Harjes. Hier wird schon in dritter Generation Wertvolles aus Glockenbronze hergestellt. Naturliebhaber können Meyenburg durch Marsch, Geest und Wald übrigens auch erwandern.

Die lang gestreckte Weserinsel Harriersand ist nur durch eine einzige Brücke mit dem Festland verbunden. Eine schmale Straße führt die Insel entlang. Ein Platz zum Spazierengehen und Baden.

STADTMARKETING OSTERHOLZ-SCHARMBEK GMBH /// MARKTPLATZ 8 ///
27711 OSTERHOLZ-SCHARMBECK /// 0 47 91 / 98 50 06 ///
UND AM PUMPELBERG 4 /// 27711 OSTERHOLZ-SCHARMBECK ///
0 47 91 / 80 91 61 /// WWW.OSTERHOLZ-SCHARMBECK.DE ///

MUSEUMSANLAGE DER KULTURSTIFTUNG LANDKREIS OSTERHOLZ ///
27711 OSTERHOLZ-SCHARMBEK /// BÖRDESTRASSE 42 ///
0 47 91 / 1 31 05 /// WWW.KULTURSTIFTUNG-OHZ.DE ///

TORFKÄHNE UND KLEINE BAHNHÖFE

Osterholz-Scharmbeck an Wiesen und Kanälen

86

Jede Stunde fährt ein Zug von Bremen nach Bremerhaven und hält nach etwa 12, 13 Minuten das erste Mal in Osterholz-Scharmbeck. Also kein Problem, dort in dem beschaulichen Städtchen zu wohnen und in Bremen oder Bremerhaven zu arbeiten. Vom Hafen, der etwa 700 Kilometer vom Bahnhof entfernt liegt, zieht sich ein Hafenkanal bis zum Flüsschen Hamme durch die Wiesen. Bis auf wenige Ausnahmen sind im Winter die Bootsliegeplätze leer, die Lokale geschlossen, und der weite Himmel über dem Land wirkt, als würde er nirgendwo enden. Gegenüber der alten Mühle am Hafen steht ein uriges Holzhäuschen, an seinen Wänden sieht man dunkle Boote mit ebenso dunkeln, rotbräunlichen Segeln, und es wird für historische Torfkahnfahrten geworben. Am besten ist es also, Osterholz-Scharmbeck im Sommer zu besuchen und dann vom kleinen Hafen aus durch die Wiesen nach Worpswede mitten durch das Teufelsmoor zu segeln.

Früher herrschte dort geschäftiges Treiben der Moorbauern und Arbeiter, die den Torf abbauten. Motive für einige Worpsweder Maler, die uns dieses Leben in ihren über 100 Jahre alten Gemälden heute nahebringen. Jetzt steht das Gebiet unter Naturschutz und ist ein Rückzugsort für heimische und inzwischen oft seltene Vögel und Pflanzen. In der Rönn'schen Mühle am höchsten Punkt der Stadt befindet sich eine Biologische Station, in der sich alles Wissenswerte über die Natur der Region erfahren lässt. Die Station und der dort ansässige Bürgerverein haben die Aufgabe, diese großflächige Überschwemmungslandschaft im Norden zu schützen. Ebenso sehenswert ist das Norddeutsche Vogelmuseum in der Museumsanlage der Kulturstiftung Landkreis Osterholz. Unweit des »großen« Bahnhofs liegt in der nach ihm benannten Straße der sogenannte Kleinbahnhof. Er wurde von Heinrich Vogeler als ehemalige Station des Moorexpress erbaut und ist ein Zeugnis der Verbindung der Nachbarstädtchen, nicht nur zu Wasser.

Der Moorexpress verbindet im Sommer das Land zwischen Weser und Elbe von Bremen und Osterholz-Scharmbek über Worpswede bis Stade. Allerdings nur am Wochenende und nach vorheriger Buchung.

MUSEUM AM MODERSOHN-HAUS /// HEMBERGSTRASSE 19 ///
27726 WORPSWEDE /// 0 47 92 / 47 77 ///
WWW.MUSEUM-MODERSOHN.DE ///

EIN STERBEORT DER LEBENDIGEN ERINNERUNGEN

Modersohn-Haus in Worpswede 87

Worpswede ist von Cuxhaven eine gute Autostunde entfernt, aber wohl einer der bekanntesten und meistbesuchten Plätze im Norden. Eine ganze Reihe von Erinnerungsstätten an die Künstlerkolonie und ihre berühmten Künstler finden sich über den Ort verteilt, eine davon ist das ehemalige Haus von Paula Modersohn-Becker.

Hellgelb gestrichen, gemütliche Gauben, Rosenstöcke, die sich emporranken: Kaum zu glauben, dass sich dahinter ein Museumsbau befindet. Modern und von oben erhellt. Mit Gemälden der Gründer der Malerkolonie und einem Extra-Kabinett des ihnen zugesellten Heinrich Vogeler. Die Bernhard-Kaufmann-Sammlung im modernen Anbau zählt auch 21 Gemälde von Paula Modersohn-Becker.

Das vordere, an der Hembergstraße gelegene Haus ist für Paula Modersohn-Becker-Fans ein Wallfahrtsort geworden, ebenso wie ihr von Bernhard Hoetger gestaltetes Grab auf dem Friedhof. In die Hembergstraße ist sie 1901 gezogen, als junge Frau eines vor Kurzem verwitweten Mannes, einer der wenigen, die ihre Kunst überhaupt beachteten. Einige ihrer Möbel und Gegenstände sind noch im Original erhalten. Dieses idyllische Haus mit Garten wurde Zeuge einer schwierigen Ehe, einer Flucht der jungen, sich unverstanden fühlenden Malerin nach Paris und ihrer Rückkehr, hochschwanger. Auch ihres plötzlichen Todes 1907, wenige Wochen nach der Geburt ihrer einzigen Tochter. »Wie schade«, soll sie als Letztes gesagt haben. Das Haus selbst hat aber nichts Trauriges an sich. Im Gegenteil, es kündet von einem kurzen, erfüllten Leben. Zwar zieht ihr Mann ein Jahr nach ihrem Tod weg, heiratet unerschrocken nach zwei verstorbenen Frauen noch ein drittes Mal und bewahrt dadurch seine Eigenständigkeit im nahen Fischerhude, aber Paula ist in allen großen Kunstausstellungen und Galerien gegenwärtig.

☞ Wer die Aquarelle der Reisen des Heinrich Vogeler durch die Sowjetunion in den 30er-Jahren im Museum gesehen hat, sollte anschließend zum Barkenhof spazieren, um 1900 Mittelpunkt der Künstlerkolonie.

HAUS IM SCHLUH /// IM SCHLUH 35 ///
27726 WORPSWEDE /// WWW.HAUS-IM-SCHLUH.DE ///

DAS SCHÖNSTE HAUS-GARTEN-ENSEMBLE IN WORPSWEDE

88

Vom Barkenhof zum Haus im Schluh

Nicht weit vom Haus der Modersohns an der Hembergstraße zweigt es links ab in die Straße Im Schluh, was so viel wie »Sumpf« oder »Senke« bedeutet. Die erste Frau Heinrich Vogelers, die sich der Künstlergemeinschaft um ihren Ehemann im Barkenhof nie wirklich zugehörig gefühlt hatte, ließ sich nach der Trennung von ihm mit den drei Töchtern Im Schluh nieder und lebte dort ihr ganzes langes Leben über: in einer Ansammlung von Häusern, die museale Gegenstände aus dem gemeinsamen Haushalt im Barkenhof aufbewahren. Noch heute richtig auf dem Land gelegen, wenn auch in naher Verbindung mit den anderen Sehenswürdigkeiten des Ortes. Martha Vogeler selbst war als Weberin künstlerisch tätig.

Heute beherbergt das Haus eine Sammlung der Gemälde, die Martha von Heinrich Vogeler geschenkt bekam oder wieder erwarb – unter anderem das berühmte Frühlingsbild –, und einen Laden, in dem es Stoffe zu kaufen gibt, die auf alten, von Martha erworbenen Bauernwebstühlen gewebt wurden. Das Tulpenzimmer zeigt wunderschön geschwungene Jugendstilmöbel nach Entwürfen Vogelers. Hier haben viele Vogeler-Kinder und ihre Nachkommen geschlafen.

Im Ensemble der verschiedenen Häuser gibt es auch eine Gästepension, die Martha Vogeler dort seit 1920 betrieb. Alle Häuser stehen in einem Gartenparadies mit Teich und hochgewachsenen Bäumen.

Man bekommt eine Ahnung, wie aus dem 14-jährigen Bauernmädchen mit den blonden Zöpfen eine emanzipierte, freiheitlich gesinnte Frau wurde, die sich schließlich mithilfe eines zweiten Mannes aus ihrer Ehe mit Heinrich Vogeler befreite. Heute wird das Haus im Schluh von seinen Nachkommen im Rahmen einer Stiftung gepflegt und ist mit der Heinrich-Vogeler-Gesellschaft und dem Barkenhof kulturell verbunden. Was im Leben nicht funktionierte, bildet heute eine Einheit im Bewusstsein der Besucher.

Sich hinter das Haus in den Garten setzen, wo Stühle bereitstehen, und den Libellenflügen über dem Teich zuschauen. Für die Hausgäste steht auch ein Grill zur Verfügung.

LIEBLINGSPLÄTZE

AUF EINEN BLICK

ALLE LIEBLINGSPLÄTZE FINDEN SIE
UNTER WWW.GMEINER-VERLAG.DE